Gavin Ambrose / Paul Harris

DESIGNRASTER

Struktur oder Muster aus
Linien, die als Gerüst für die
Anordnung der Elemente
eines Designs dienen

stiebner

Die englische Ausgabe dieses Buchs erschien 2008 unter
dem Titel „Grids. *n.* a structure or pattern of lines to guide
the placement of the elements of a design" bei
AVA Publishing SA.

Aus dem Englischen von MCS Schabert GmbH, München,
unter Mitarbeit von Renate Kirchermeier (Übersetzung) und
Dagmar Mallett (Übersetzung).

Bibliografische Information der Deutschen Bibliothek
Die Deutsche Bibliothek verzeichnet diese Publikation in der
Deutschen Nationalbibliografie; detaillierte bibliografische
Daten sind im Internet über <http://dnb.ddb.de> abrufbar.

Alle Rechte der deutschen Ausgabe
© 2008 Stiebner Verlag GmbH, München
Alle Rechte vorbehalten. Wiedergabe, auch auszugsweise,
nur mit ausdrücklicher Genehmigung des Verlags.

Printed and bound in Singapore

www.stiebner.com

ISBN 978-3-8307-1357-9

Kunde: River Island
Design: Third Eye Design
Rastereigenschaften: Der Raster unterstützt die Anordnung von Elementen und erzeugt eine Fließbewegung auf der Seite

River Island

Hier handelt es sich um eine Doppelseite aus einem von Third Eye Design für den Modehändler River Island gestalteten Katalog. Module, Spalten, Text und Bilder wurden so zusammengestellt, dass eine Geschichte entstand. Der Raster bietet eine Struktur für die Anordnung verschiedener Designelemente. Er führt die Aufmerksamkeit des Lesers durch die Doppelseite und folgt dabei einer fortlaufenden und logischen Fließbewegung.

Inhalt

Einleitung 6
Aufbau des Buchs 8

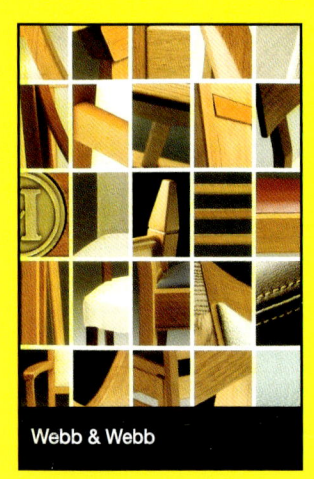

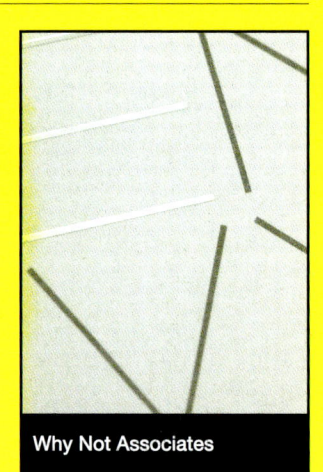

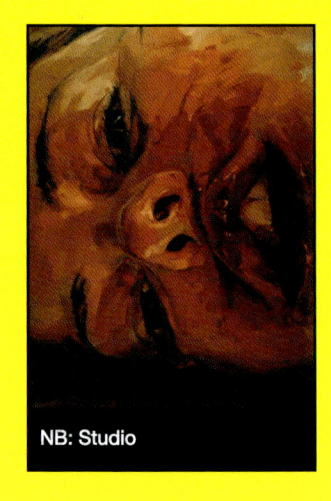

Webb & Webb

Why Not Associates

NB: Studio

Warum Raster? 10	**Rastergrundlagen** 26	**Rastertypen** 54
Organisation	ISO- und	Symmetrische
von Informationen 12	Papierformate 28	Raster 56
Wie wir eine	Anatomie einer Seite 30	Asymmetrische
Seite lesen 14	Maße 32	Raster 60
Wie wir einen	Formen auf einer	Module 62
Bildschirm betrachten 18	Seite 34	Verbundraster 64
Form und Funktion 22	Seitenstruktur 36	Kombinationen 70
	Proportion 38	Horizontale
	Hierarchie 40	Bewegung 72
	Netz- und	Vertikale Bewegung 74
	Punktzeichnung 42	Diagonal- und
	Einen Raster anlegen 46	Winkelraster 78
	Die Drittelregel 50	
	Prinzip der	
	ungeraden Zahlen 52	

3 Deep Design

Third Eye Design

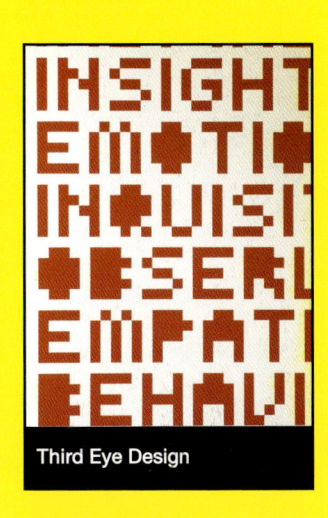

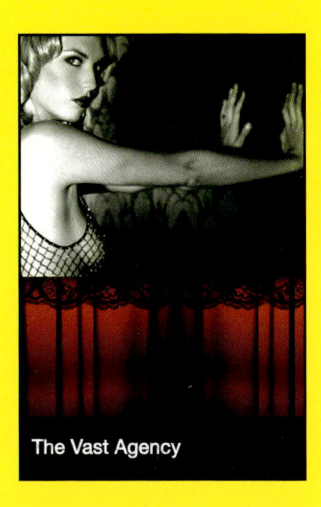

The Vast Agency

Rasterelemente	80
Schrift	82
Die Grundlinie	86
Bilder	88
Horizontale Ausrichtung	92
Vertikale Ausrichtung	94
Spalten	96
Anzahl der Spalten	98
Spaltenbreiten	102
Schrift und Spaltenbreiten	106
Schmale Spalten	108
Breite Maße	110
Pagina	112

Verwendung des Rasters	116
Muster	118
Sichtbare Raster	120
Skalierung	122
Das Perimeter	124
Achse	128
Juxtaposition	132
Weißfläche	134
Raster in der Architektur	136
Umgebungsraster	138
Mehrsprachige Raster	140
Bildunterschriftbezogener Raster	142
Raster für Mengeninformationen	144
Der Raster als Ausdruck	146

Raster im Web	148
Webgrundlagen	150
Der digitale Raster	154
Ausrichtung	156

Glossar	160
Schlussbemerkung	172
Danksagung	174
Kontakte	176

Einleitung

Ein Raster ist das Fundament, auf dem ein Design aufgebaut wird. Es ermöglicht dem Designer, verschiedene Elemente auf einer Seite effizient zu organisieren und ist im Wesentlichen ein Gerüst. Raster ordnen und strukturieren Designs, seien sie so einfach wie das auf der Folgeseite abgebildete oder so dicht bestückt wie die auf Zeitungswebseiten.

Dieses Buch möchte in die Grundlagen der Verwendung von Rastern im Grafikdesign einführen, wie sie bei Designern heute Praxis ist. Viele dieser Grundlagen reichen in die Jahrhunderte zurück, als Bücher zu einem Massenprodukt wurden. Die Methoden sind allerdings über die Jahre verfeinert, verbessert und ergänzt worden. Dieser Prozess setzt sich fort, da neue Technologien neue Medien wie Internetseiten mit sich bringen.

Das Buch will jedoch keine Vorschriften für das Erstellen und die Verwendung von Rastern machen. Stattdessen wird es sich den Prinzipien widmen, die hinter der Benutzung des Rasters stehen, um so dem Leser das Werkzeug in die Hand zu geben, mit dem er eine Vielzahl von Problemen des Grafikdesigns in den Griff bekommen kann. Die wichtigste Botschaft dieses Buchs ist, dass eine statische und sich wiederholende Herangehensweise an die Verwendung von Rastern kein wirkungsvolles und kreatives Design hervorbringt. Indem wir ein klares Verständnis der vielen Facetten des Rasters nutzbar machen, möchten wir zeigen, dass Raster nicht nur ein Design ordnen, sondern auch viele Möglichkeiten des Ausdrucks und der Kreativität bieten.

Die Notwendigkeit von Rastern
Raster sind notwendige Orientierungshilfen, die die Designelemente ordnen und dem Leser zum schnellen Zugriff zur Information verhelfen.

Rastergrundlagen
Dieser Abschnitt ist eine Einführung in die Elemente, die einen Raster ausmachen. Dazu gehören Maße, Formen, Proportionen und verschiedene Regeln bezüglich der Anatomie einer Seite.

Rastertypen
Dieses Kapitel zeigt die Beziehungen zwischen Rastern, Typografie und Bildern auf, indem hier einige der vielen verschiedenen möglichen Raster untersucht und vorgestellt werden.

Rasterelemente
Der Raster wird verwendet, um die mannigfaltigen Bild-, Text- und Grafikelemente, die ein Design ausmachen, so anzuordnen, dass verschiedene visuelle Darstellungen entstehen.

Verwendung des Rasters
Hier werden als Leitfaden für die Strukturierung und Präsentation verschiedener Arten von Inhalt unterschiedliche Raster und Techniken diskutiert, zu denen auch die Verwendung von Orientierung, Juxtaposition und Flächenaufteilung gehören.

Raster im Web
Dieses Kapitel behandelt spezielle Designaspekte bei der Herstellung von Rastern und Layouts für Webseiten und andere elektronische Medien.

Kunde: Nike
Design: Why Not Associates
Rastereigenschaften: Abbildungen von Schuhen sind nach Spalten und Zeilen ausgerichtet und vermitteln klare Linien und Ordnung

Nike Paris

Das Innere der Nike-Verkaufsräume auf den Champs-Élysées in Paris wurde von Why Not Associates gestaltet. Auf den Glaswänden wiederholt sich ein Muster von Sportschuhillustrationen, die nach Spalten und Zeilen ausgerichtet sind. Diese Wand übermittelt die Botschaft, dass die Rasterstruktur sich in vielen alltäglichen Dingen wiederfindet.

Aufbau des Buchs

Dieses Buch führt in verschiedene Aspekte der Verwendung von Rastern ein und widmet jedem Themengebiet ein Kapitel. Darin werden zahlreiche Beispiele von einzigartigem und kreativem Rastergebrauch in den Designs von führenden zeitgenössischen Studios vorgestellt. Die Entscheidungen, die sie bezüglich der Designs trafen, werden von uns kommentiert.

Die wichtigsten Gestaltungsprinzipien werden herausgegriffen, damit der Leser erkennt, wie man sie in der Praxis anwendet.

Leichte Navigation
Jedes Kapitel hat eine Kurztitelzeile, die es dem Leser erlaubt, Interessantes schnell zu finden.

Einführungen
Einführungen zu besonderen Teilbereichen umreißen die in den Kapiteln behandelten Grundkonzepte.

Verwandte Informationen
Themenverwandte Informationen wie Definitionen werden herausgegriffen und erläutert.

Beispiele
Kommerzielle Projekte zeitgenössischer Studios und Designer illustrieren die diskutierten Prinzipien.

Diagramme

Diagramme veranschaulichen die Theorie, indem sie die Grundprinzipien in der Anwendung zeigen.

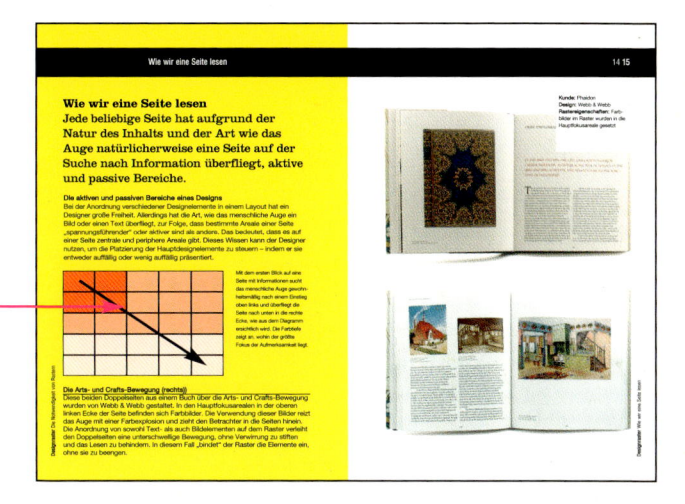

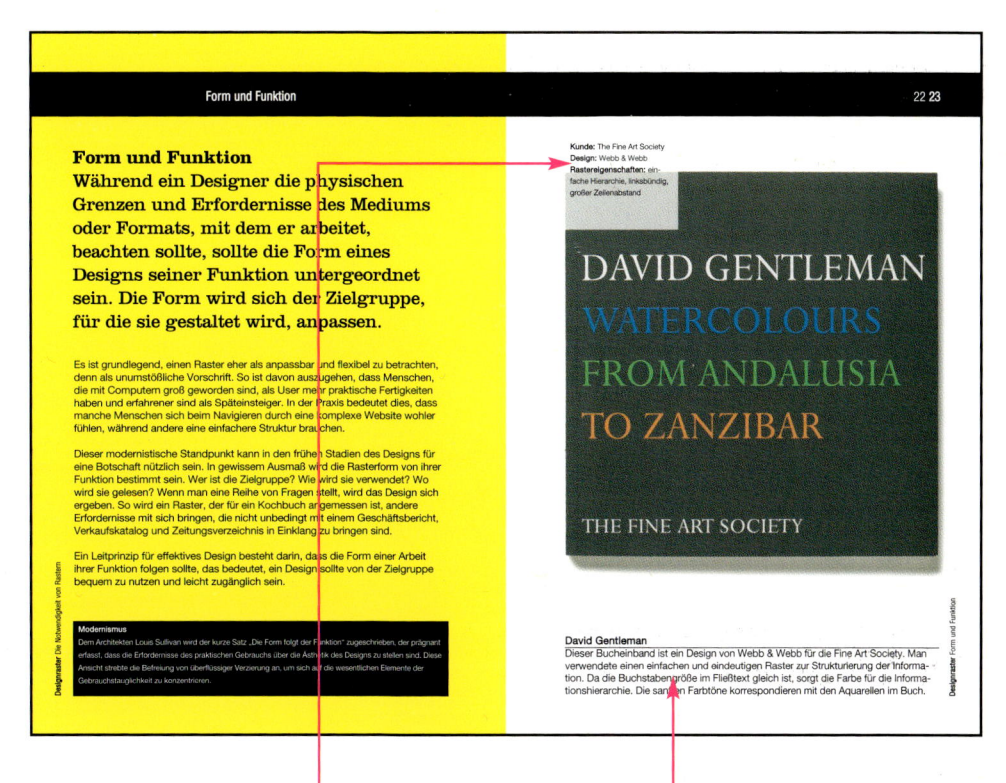

Zusatzinformation

Dazu gehören Kunden, Designer und Rastereigenschaften.

Schriftliche Erläuterungen

Hauptpunkte werden im Kontext eines Projektbeispiels erläutert.

Designraster Aufbau des Buchs

Warum Raster?

Kunde: University of the Arts, London

Design: Research Studios

Rastereigenschaften: symmetrischer, zweispaltiger Raster mit breiter Marginalspalte am Rand

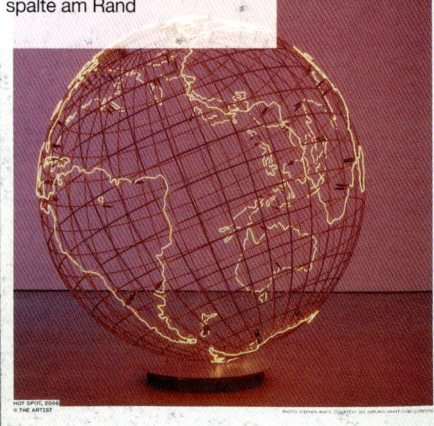

Warum Raster?

Bevor in diesem Kapitel im Detail auf Raster eingegangen wird, geht es zunächst um ihren grundlegenden Zweck und warum sie von Grafikdesignern eingesetzt werden. Die darauffolgenden Kapitel befassen sich mit der Anordnung der Elemente in einem Raster und deren Wirkung auf das Design als Ganzem.

Ein Raster liefert eine Struktur für alle Designelemente einer Seite, was dem Designer den Gestaltungs- und Entscheidungsprozess erleichtert. Seine Verwendung ermöglicht größere Genauigkeit und Einheitlichkeit bei der Anordnung der Elemente, da er einen Rahmen für ein hohes Maß an Kreativität bietet. Mit seiner Hilfe treffen Designer sachkundige Entscheidungen und nutzen ihre Zeit effektiv. Raster können viel Dynamik in ein Design bringen – die Platzierung eines anscheinend kleinen und unbedeutenden Elements wie z.B. einer Pagina kann sich dramatisch auf eine Seite und schließlich auch auf das ganze Werk auswirken.

Zwar sehen sich heutzutage viele von uns Inhalte in einem elektronischen Format oder im Web an, aber die strukturellen Prinzipien hinter der Gestaltung einer gedruckten Seite besitzen weiterhin Gültigkeit, da die Art, wie wir eine Seite lesen und wie wir uns Informationen herausziehen, gleich geblieben ist.

University of the Arts, London (links)
Diese beiden von Research Studios gestalteteten Doppelseiten stammen aus einer Alumni-Zeitschrift der University of the Arts in London. Man verwendete einen einfachen symmetrischen Raster mit zwei Spalten und breitem Rand für Marginalien (A) und einer einzigen Textspalte auf den Seiten der Eröffnungsnummer (B). Ursprünglich wurde dieser Rand für Bemerkungen und Marginalien genutzt, kann aber als Weißflächenblock in das Design integriert werden. Das Design weist einen starken Raster auf, bei dem Bildelemente Spalten überspannen und so das Gefühl von Bewegung erzeugen. Die Paginas, die als grafische Elemente an der Außenkante des Fußstegs eingefügt wurden, stellen einen starken Anker für das Design dar. Schriftarten und -größen für Titel, Fließtext und Bildlegenden spielen mit der typografischen „Farbe" (näher erläutert auf S. 84) und sorgen für Individualität.

Organisation von Informationen

Organisation von Informationen
Die grundlegende Funktion eines Rasters ist die Organisation von Informationen auf einer Seite – ein Verfahren, das im Lauf der Geschichte entwickelt und verfeinert wurde, von einfachen Textseiten über die Integration von Bildern bis zu den Möglichkeiten moderner Design-Software.

Der Raster hat sich durch die Jahrhunderte beträchtlich weiterentwickelt, doch haben seine Prinzipien seit Jahrhunderten Bestand. Ungefähr 300 Jahre trennen die Beispiele unten, aber die gemeinsamen Elemente sind klar zu erkennen. Die Seite aus dem mittelalterlichen Manuskript (unten links) und die Zeitung (unten rechts) haben Spalten, die den Text in ein lesbares Maß einbinden und formen. Die Überschriften sorgen für Klarheit und eine grundlegende Hierarchie.

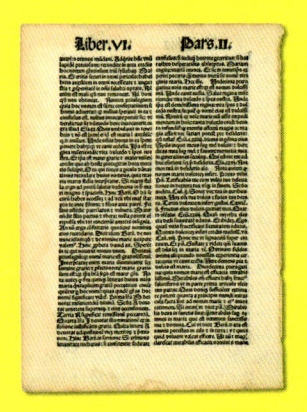

Ganz links ist eine frühe Drucksache auf Latein von 1483, eine Inkunabel, mit zwei vertikalen Textspalten und links eine frühe Zeitung, der *Edinburgh Evening Courant* von 1774, mit drei Textspalten. Gemein haben beide Orientierungshilfen für den Leser: klare Kopfzeilen und eine gewisse Richtung. Im letzteren Beispiel tragen zusätzliche Elemente wie hängende Initialen und Linien zum Gefühl der Ordnung bei.

Hierarchie
Ein logischer, geordneter und visueller Leitfaden für Texte, der die verschiedenen Bedeutungsebenen anzeigt.
Linie
Eine dicke oder dünne Linie oder eine Kombination aus beiden zur Gliederung verschiedener Textelemente.

Kunde: C.B.K. Artoteek Dordrecht
Design: Faydherbe / De Vringer
Rastereigenschaften: symmetrische und zentrale Raster in einem asymmetrischen Bild

Jan Samsom

Dieses Poster wurde von Faydherbe / De Vringer für ein Jan-Samson-Exponat entworfen. Das Design zeichnet sich durch einen intuitiven Raster aus, der den Textelementen eine auf das Zentrum ausgerichtete und symmetrische Struktur verleiht. Diese sind um das zentral platzierte Wort „Samsom" gesetzt, das damit als Kontrapunkt zum asymmetrischen Bild wirkt.

Das Design ist von einer klaren und eindeutigen Informationshierarchie gekennzeichnet, während es in typografischer Hinsicht vielfältig und dynamisch ist. Die Information ist, abhängig von ihrer Größe und Farbintensität, entweder in den Vordergrund, in den Mittelgrund oder in den Hintergrund gesetzt.

Wie wir eine Seite lesen

Wie wir eine Seite lesen
Jede beliebige Seite hat aufgrund der Natur des Inhalts und der Art wie das Auge natürlicherweise eine Seite auf der Suche nach Information überfliegt, aktive und passive Bereiche.

Die aktiven und passiven Bereiche eines Designs
Bei der Anordnung verschiedener Designelemente in einem Layout hat ein Designer große Freiheit. Allerdings hat die Art, wie das menschliche Auge ein Bild oder einen Text überfliegt, zur Folge, dass bestimmte Areale einer Seite „spannungsführender" oder aktiver sind als andere. Das bedeutet, dass es auf einer Seite zentrale und periphere Areale gibt. Das Wissen darüber kann der Designer nutzen, um die Platzierung der Hauptdesignelemente zu steuern, indem er sie entweder auffällig oder wenig auffällig präsentiert.

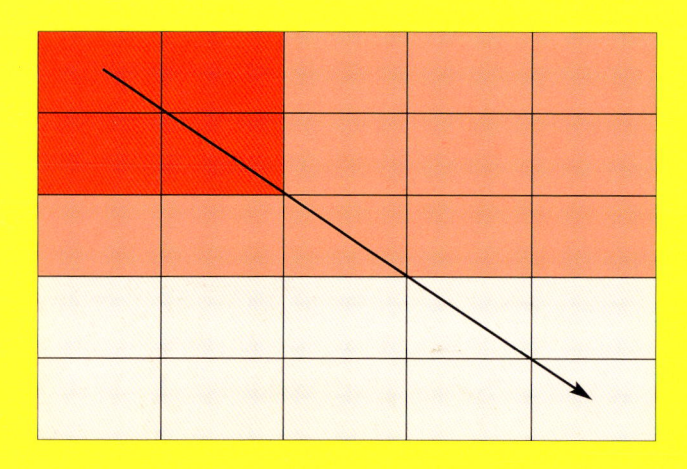

Mit dem ersten Blick auf eine Seite mit Informationen sucht das menschliche Auge gewohnheitsmäßig nach einem Einstieg oben links und überfliegt die Seite nach unten in die rechte Ecke, wie aus dem Diagramm ersichtlich wird. Die Farbtiefe zeigt an, wohin der größte Fokus der Aufmerksamkeit liegt.

Die Arts- und Crafts-Bewegung (rechts)
Diese beiden Doppelseiten aus einem Buch über die Arts- und Crafts-Bewegung wurden von Webb & Webb gestaltet. In den Hauptfokusarealen in der oberen linken Ecke der Seite befinden sich Farbbilder. Die Verwendung dieser Bilder reizt das Auge mit einer Farbexplosion und zieht den Betrachter in die Seiten hinein. Die Anordnung von sowohl Text- als auch Bildelementen auf dem Raster verleiht den Doppelseiten eine unterschwellige Bewegung, ohne Verwirrung zu stiften und das Lesen zu behindern. In diesem Fall „bindet" der Raster die Elemente ein, ohne sie zu beengen.

Kunde: Phaidon
Design: Webb & Webb
Rastereigenschaften: Farbbilder im Raster wurden in die Hauptfokusareale gesetzt

Designraster Wie wir eine Seite lesen

Wie wir eine Seite lesen

Kunde: Paris 2012
Olympic Committee
Design: Research Studios
Rastereigenschaften: Als Blickfang dienen hier farbliche Hervorhebungen

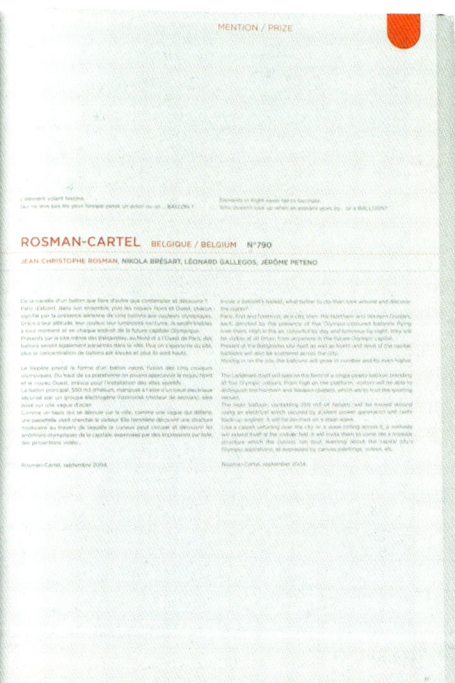

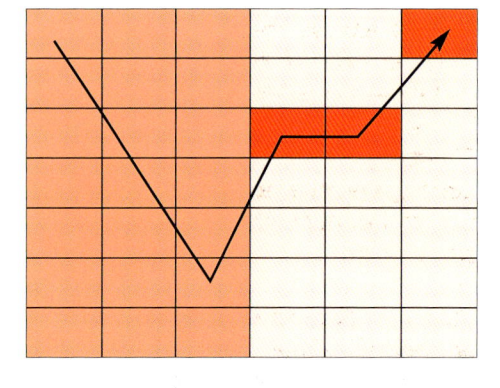

Dieses Diagramm zeigt die Fokusareale der oben abgebildeten Doppelseite. Bemerkenswert ist, dass der Titel und das Folio mehr Sogwirkung haben als das Bild.

Paris 2012

Diese Broschüre wurde von Research Studios für die Architekturbewerbung für die Olympischen Spiele 2012 zusammengestellt. Visuelle Aufmerksamkeitsareale werden durch Farbe geschaffen. Wie links gezeigt, richtet sich die Aufmerksamkeit des Lesers zunächst auf das abfallend gedruckte Bild. Dann aber ziehen der rote Titel und die rote Handmarke den Leser nach rechts hinüber, da das Auge automatisch nach rechts und schließlich zum Text schweift. Beachten Sie, wie sich die Ausrichtung des Texts ungefähr an dem Bildobjekt, dem Triumphbogen in Paris, orientiert.

Kunde: The Waterways Trust
Design: Pentagram
Rastereigenschaften: Startpunkt zum Text wird durch Farbkontrast hergestellt

The Waterways Trust
Die Pentagram-Broschüre für The Waterways Trust verwendet weißen Text auf dunklem Hintergrund, um Blickfänge herzustellen, die dem Auge Zugang verschaffen. Hier spiegelt sich der auf der gegenüberliegenden Seite erzielte Effekt.

Durch die Rasterstruktur wird die deutliche Fließbewegung der Seite verstärkt – es ist ein klares Bewegungsmuster vom Titel, zum Bild, zum Text und schließlich zur Bildbeschriftung zu erkennen.

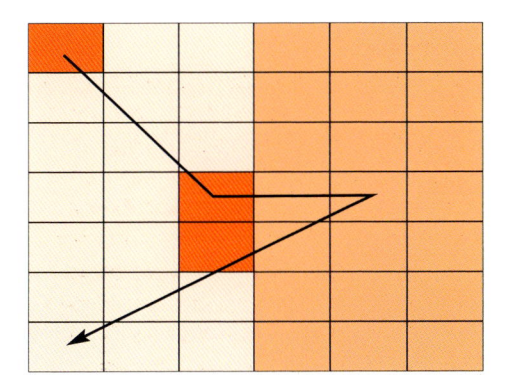

Dieses Diagramm veranschaulicht, dass die weißen Textabschnitte, die invers auf der blauen Versoseite erscheinen, die Hauptfokusareale der Doppelseite sind.

Designraster Wie wir eine Seite lesen

Wie wir einen Bildschirm betrachten

Wie wir einen Bildschirm betrachten

Leser „scannen" Webseiten so, wie sie eine gedruckte Seite nach Schlüsselwörtern oder etwas Interessantem mit den Augen absuchen. Ein Designer kann diesen Prozess unterstützen und wichtige Abschnitte mit Schlüsselwörtern sowie Aufzählungspunkten hervorheben.

F-förmiges Muster beim Lesen von Webinhalten
Studien haben ergeben, dass Webseiten meist in einem F-förmigen Muster gelesen werden, wie die unten stehende Abbildung zeigt. Leser überfliegen den oberen Rand von links nach rechts in zwei Streifen und „scannen" die Seite dann schnell nach unten, um etwas Wichtiges zu finden. Für das Design bedeutet dies, dass Hauptinformation und Startpunkte sich innerhalb des F-Musters befinden sollten, um die Leseraufmerksamkeit zu wecken.

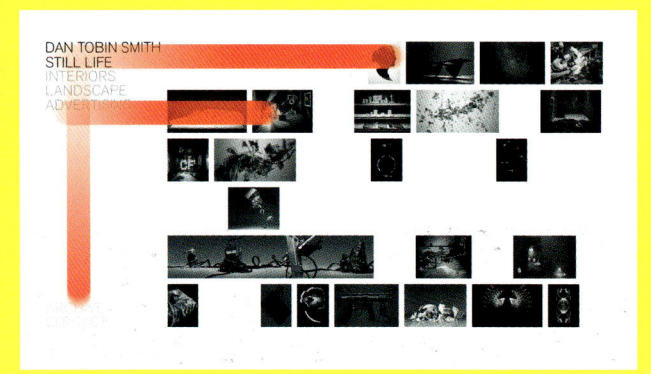

Der obere Balken des F-Lesemusters stellt den anfänglichen Links-nach-rechts-Scan dar, der sich deutlich über die Seite ausdehnt. Ein zweiter flüchtiger Scan weiter unten bildet den Querstrich des F-Musters. Schließlich fliegt der Blick am Stamm die Seite hinunter.

Dies ist eine allgemeine Regel, die nur als Orientierungshilfe dienen kann. Ein Design mit einem Element in einem normalerweise inaktiven Areal wird ein anderes Lesemuster hervorrufen.

F-förmiges Lesemuster
Lesemuster, auf das der Leser zugreift, wenn er rasch Informationen von einer Website erhalten will.

DAN TOBIN SMITH
STILL LIFE
INTERIORS
LANDSCAPE
ADVERTISING

ARCHIVE
CONTACT

Kunde: Dan Tobin Smith
Design: Studio Output
Rastereigenschaften: einfache Navigation, die mit dem F-förmigen Scannen übereinstimmt

DAN TOBIN SMITH
STILL LIFE
INTERIORS
LANDSCAPE
ADVERTISING

**Fridge.
February 2005.**

1

Magazine.
Kilimanjaro

ARCHIVE
CONTACT

Dan Tobin Smith

Dies ist die Website des Fotografen Dan Tobin Smith, die von Studio Output entworfen wurde. Die Navigation ist einfach und sinnvoll, da die Information passend zum F-förmigen Lesemuster angeordnet ist. Die zur Schau gestellten Fotos sind als eine Serie von Thumbnails oder Vorschaubildern auf einem Raster angezeigt, das zum Vollbild, wie oben gezeigt, vergrößert werden kann.

Designraster Wie wir einen Bildschirm betrachten

Wie wir einen Bildschirm betrachten

Die umgedrehte Pyramide

Die Informationspräsentation in Form einer umgedrehten Pyramide ist im Zeitungsjournalismus vorherrschend. Die wichtigste Information steht an erster Stelle, weitere Informationen folgen sukzessive gemäß ihrer zunehmend geringeren Bedeutung. Wird diese Präsentation auf den Bildschirm übertragen, fallen Raster und Struktur anders aus als bei einer Drucksache, denn der Leser verwendet weniger Zeit für jede Seite. Da nicht der gesamte Text gelesen wird, muss die wichtigste Information am Anfang stehen und die klar definierten Untertitel auf der linken Seite, passend zum F-förmigen Lesemuster.

Zu beachten ist auch, dass nicht alle Leser die untergeordneten Inhalte sehen, wenn sie erst nach unten scrollen müssen. Daher ist es wichtig, dass die Designstruktur das Gewicht des oberen Rasteranteils effektiv nutzt und maximiert.

Die umgedrehte Pyramide
Ein Prinzip des Nachrichtenaufbaus, nach dem die wichtigste und überzeugendste Information ganz oben steht, gefolgt von zweitrangigen Informationen und dann den allgemeineren zum Schluss.

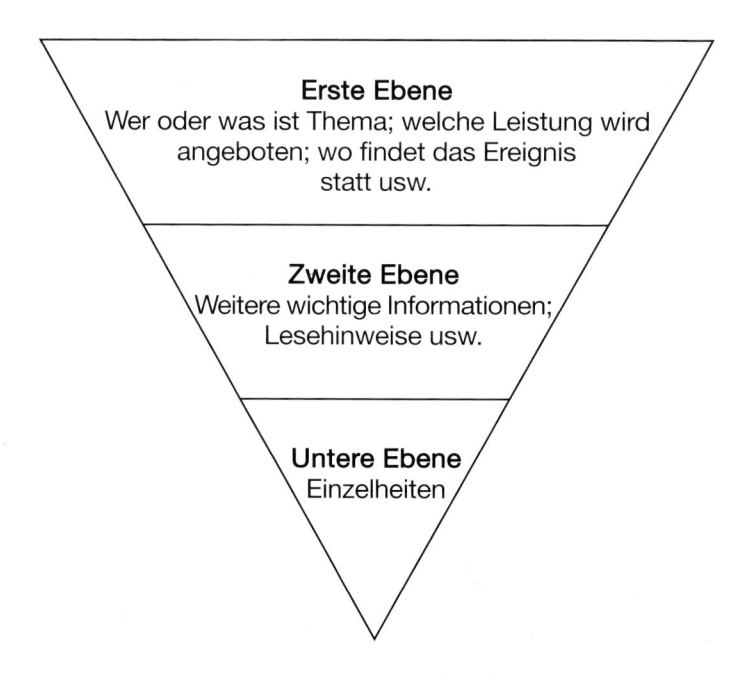

Erste Ebene
Wer oder was ist Thema; welche Leistung wird angeboten; wo findet das Ereignis statt usw.

Zweite Ebene
Weitere wichtige Informationen; Lesehinweise usw.

Untere Ebene
Einzelheiten

Knick (Website)
Imaginäre Linie einer Webseite, bis zu der man die Inhalte sehen kann, bevor man scrollen muss. Je kleiner der Bildschirm oder je niedriger die Bildschirmauflösung, desto höher wird diese Linie liegen. Die Hauptinformation sollte über ihr liegen, damit die Leser möglichst wenig suchen müssen.

20 21

Startpunkt für das F-Lesemuster
Der übliche Startpunkt für ein Webdesign. In diesem wird das Firmenlogo gezeigt.

800 x 600 Pixel
Apple empfiehlt für einen 800 x 600-Bildschirm den Knickpunkt bei einer minimalen Rasterhöhe von 413 Pixeln. Alle Navigationshilfen befinden sich oberhalb der Linie.

Kunde: The George Hotel & Brasserie
Design: Gavin Ambrose
Rastereigenschaften: Startpunkt oben links und Hierarchie der umgedrehten Pyramide

1024 x 768 Pixel
Der Knickpunkt auf der am gebräuchlichsten Bildschirmgröße von 1024 x 768 liegt bei 581 Pixeln für die Höhe des Bildschirms.

Der Raster
Der Raster ist mit Bedacht einem „Zeitschriftenformat" angeglichen mit einer Folge von „Bildsammlungen" und schmaleren Spaltenbreiten.

The George Hotel & Brasserie
Diese Webseite für das George Hotel & Brasserie von Gavin Ambrose verwendet eine Rasterstruktur, die zum F-Lesemuster passt, mit einem soliden Startpunkt oben links – von da aus führt das Bildschirmmenü mit den Subheads (Untertiteln) nach unten. Die Seite hat das gleiche Design wie die Doppelseite einer Zeitschrift, die die Hierarchie einer umgekehrten Pyramide benutzt, sodass die relevantesten und aktuellsten Informationen oben stehen. Nachrangige Information wird dagegen unterhalb des Knicks oder des Anzeigebereichs präsentiert.

Designraster Wie wir einen Bildschirm betrachten

Form und Funktion

Form und Funktion

Während ein Designer die physischen Grenzen und Erfordernisse des Mediums oder Formats, mit dem er arbeitet, beachten sollte, sollte die Form eines Designs seiner Funktion untergeordnet sein. Die Form wird sich der Zielgruppe, für die sie gestaltet wird, anpassen.

Es ist grundlegend, einen Raster eher als anpassbar und flexibel zu betrachten, denn als unumstößliche Vorschrift. So ist davon auszugehen, dass Menschen, die mit Computern groß geworden sind, als User mehr praktische Fertigkeiten haben und erfahrener sind als Späteinsteiger. In der Praxis bedeutet dies, dass manche Menschen sich beim Navigieren durch eine komplexe Website wohler fühlen, während andere eine einfachere Struktur brauchen.

Dieser modernistische Standpunkt kann in den frühen Stadien des Designs für eine Botschaft nützlich sein. In gewissem Ausmaß wird die Rasterform von ihrer Funktion bestimmt sein. Wer ist die Zielgruppe? Wie wird sie verwendet? Wo wird sie gelesen? Wenn man eine Reihe von Fragen stellt, wird das Design sich ergeben. So wird ein Raster, der für ein Kochbuch angemessen ist, andere Erfordernisse mit sich bringen, die nicht unbedingt mit einem Geschäftsbericht, Verkaufskatalog und Zeitungsverzeichnis in Einklang zu bringen sind.

Ein Leitprinzip für effektives Design besteht darin, dass die Form einer Arbeit ihrer Funktion folgen sollte. Das bedeutet, ein Design sollte von der Zielgruppe bequem zu nutzen und leicht zugänglich sein.

Modernismus

Dem Architekten Louis Sullivan wird der kurze Satz „Die Form folgt der Funktion" zugeschrieben, der prägnant erfasst, dass die Erfordernisse des praktischen Gebrauchs über die Ästhetik des Designs zu stellen sind. Diese Ansicht strebte die Befreiung von überflüssiger Verzierung an, um sich auf die wesentlichen Elemente der Gebrauchstauglichkeit zu konzentrieren.

Kunde: The Fine Art Society
Design: Webb & Webb
Rastereigenschaften: einfache Hierarchie, linksbündig, großer Zeilenabstand

DAVID GENTLEMAN
WATERCOLOURS
FROM ANDALUSIA
TO ZANZIBAR

THE FINE ART SOCIETY

David Gentleman
Dieser Bucheinband ist ein Design von Webb & Webb für die Fine Art Society. Man verwendete einen einfachen und eindeutigen Raster zur Strukturierung der Information. Da die Buchstabengröße im Fließtext gleich ist, sorgt die Farbe für die Informationshierarchie. Die sanften Farbtöne korrespondieren mit den Aquarellen im Buch.

Form und Funktion

Kunde: Antique Collectors Club
Design: Webb & Webb
Rastereigenschaften: einfacher Raster mit Priorität der Bilddarstellung

Antique Collectors Club

Diese Doppelseiten stammen aus einer von Webb & Webb designten Publikation. Es wird ein einfacher Raster verwendet, der den Bildern den Vorrang einräumt. Die Form des Rasters wird von der Funktion diktiert: sich auf die Bilder zu konzentrieren und ihnen ausreichend Raum zu geben. Die Doppelseiten oben zeigen Werke von Edward Bawden und Eric Ravilious, die unteren Arbeiten von Paul Nash und John Nash.

Für diese Doppelseiten (oben und unten) wurde ein Raster frei verwendet, um die Bilder hervorzuheben.

Kunde: Luke Hughes and Company
Design: Webb & Webb
Rastereigenschaften: dynamische Platzierung der Pagina und starkes Gespür für Product Placement

Luke Hughes

Das Design für dieses Buch über klassische Stühle wurde von Webb & Webb für Hughes & Company entworfen. Kennzeichnend ist die dynamische Platzierung der Paginierung in roten Kreisen an den Außenkanten der Seiten. Die zentrale Ausrichtung der Kreise erweckt Aufmerksamkeit, und ihr Erscheinen auf den Rectoseiten fordert den Leser zum Umblättern auf.

Bilder dominieren diese Doppelseite, und die kühne Platzierung der Pagina (oben) bringt Bewegung ins Design. Der Raster wird bewusst eingesetzt, um eine Collage von Details zu zeigen und die Qualität des Produkts herauszustellen (unten).

Designraster Form und Funktion

Rastergrundlagen

Kunde: NB: Studio
Design: NB: Studio
Rastereigenschaften: lockerer, durch Objekte gestalteter Raster

Rastergrundlagen

Ein Raster ist das grundlegende Gerüst für den Designentwurf. Es stellt eine Bezugsstruktur bereit, die die Platzierung der Elemente lenkt, welche die Anatomie eines Designs bilden – von allgemeineren Elementen wie Slogan und Pagina abgesehen sind das Text, Bilder und Illustrationen.

Da ein Raster den Raum auf einer Seite oder Doppelseite umreißt, erfordert sein effektiver Gebrauch das Verständnis der absoluten Maße, die ihn ausmachen. Er hat jedoch keinen Vorschriftscharakter, und es gibt viele Arten, Raster zu nutzen, um ein dynamisches Design hervorzubringen. Dazu mag auch die Schaffung von aktiven Fokusarealen oder Formen gehören, die Verwendung unterschiedlicher Proportionen, um Bewegung hineinzubringen, oder die Festlegung einer Hierarchie.

NB: Studio (links)
Das Poster wurde von NB: Studio für einen Vortrag seines Designers Daniel Lock gefertigt. Es zeigt einen lockeren Raster, der sich aus einer Sammlung von Namensschildern ergab. Die Bilder zeigen Aktivitäten des Studios und Kunden, während auf dem letzten Ausweis unten rechts Informationen zum Vortrag zu lesen sind.

ISO- und Papierformate

ISO- und Papierformate
Standardpapierformate sind ein Mittel für Designer, Drucker und andere in der Druck- und Verlagsindustrie Tätige, um sich über Spezifikationen zu verständigen und Kosten zu kontrollieren.

Die ISO-(Internationale Standards Organization-)Größe für Papier beruht auf dem Höhen-Breiten-Verhältnis der Quadratwurzel im Verhältnis zu 2 (1:1,4142). Papier mit dieser Proportion behält sein Seitenverhältnis, wenn es halbiert wird.

Das ISO-A-Format hat eine Reihe von Papiergrößen, die sich von der nachfolgenden Größe durch den Faktor 2 oder 1/2 unterscheidet. Größen des B-Formats sind Zwischengrößen und C-Größen sind für Umschläge, in die Papierware aus der A-Größe passt.

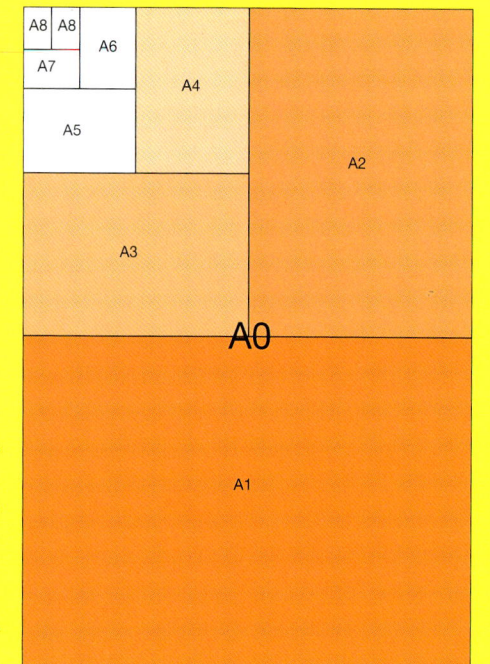

Die abgerundete metrische Größe des A0-Bogens vereinfacht die Gewichtsberechnung eines Dokuments (Format x Seiten x g/m^2 des Blattes). Alle anderen Papiergrößen werden aus einem A0-Bogen gewonnen, indem man sukzessive die Mitte der längeren Seite halbiert, siehe Illustration links und Tabelle unten.

Format	[mm]
A0	841 x 1189
A1	594 x 841
A2	420 x 594
A3	297 x 420
A4	210 x 297
A5	148 x 210
A6	105 x 148
A7	74 x 105
A8	52 x 74
A9	37 x 52
A10	26 x 37

Mark de Weijer

Diese A4-Werbekarten wurden von Faydherbe / De Vringer für Mark de Weijer entworfen. Sie zeichnen sich durch Hoch- und Querformate aus, die verschiedene Aufteilungen auf der gleichen Fläche schaffen. Die Karte oben hat einen strengen Raster mit zentral platzierten Elementen, während die untere mit einem lockereren, informellen Raster dynamischer wirkt.

Kunde: Mark de Weijer
Design: Faydherbe / De Vringer
Rastereigenschaften: Die Flächenaufteilung sorgt für ein dynamisches und kraftvolles Design

Designraster ISO- und Papierformate

Anatomie einer Seite

Anatomie einer Seite
Eine Seite besteht aus verschiedenen Teilen. Jeder hat im Design einen spezifischen Zweck und eine bestimmte Funktion.

Außensteg
Der Außensteg gibt der Textpräsentation in einem Design einen Rahmen.

Bundsteg
Der Randbereich liegt in dem Falz zwischen zwei Seiten einer Doppelseite.

Bildmodule
Flächen in einem Raster für die Platzierung von Bildelementen.

Grundlinienraster
Die Grundstruktur zur Steuerung der Anordnung von Text und anderen Elementen im Design.

Spalten
Flächen für die organisierte Präsentation des Fließtexts, die ihn lesbar machen. Dieses Layout hat sechs Textspalten auf einer Doppelseite.

Bundsteg
Der Rand, der dem Buchrücken oder dem Ausfalter in der Mitte einer Zeitschrift am nächsten liegt.

Fußsteg
Der untere Rand einer Seite.

Spaltenabstand
Die Fläche, die zwei Spalten trennt.

Designraster Rastergrundlagen

Kunde: Park House
Design: Third Eye Design
Rastereigenschaften: Textspalten werden als visuelles Element eingesetzt und verleihen dem gesamten Design Farbe

Park House

Bei jedem Design müssen Entscheidungen bezüglich der Platzierung der verschiedenen Elemente getroffen werden. Die Verwendung eines Rasters ermöglicht es dem Designer, kontrollierte und schlüssige Entscheidungen zu treffen, statt sich allein auf sein Urteilsvermögen zu verlassen. Die Doppelseiten von Third Eye Design vereinen viele Aspekte des Designs in sich wie die Positionierung von Schrift, Pagina, Überschriften und Bildern. Beachten Sie, wie die Textspalte als visuelles Element behandelt wird und dem Design einen Farbblock hinzufügt. Durch die Verwendung von Bildmodulen und einheitlichem Spaltenabstand konnte eine strategische Anordnung realisiert werden.

Mit Rastern kann man mehrere Bilder so präsentieren, dass sie die Narrative einer Publikation bilden. Das gezeigte Beispiel zeichnet sich durch Juxtapositionen und verschiedene Größen auf der Rectoseite aus, die eine Bedeutungshierarchie einführen. Die Bilder erschaffen eine Erzählung, die das Auge über die Doppelseite führt.

Maße

Maße
Im Grafikdesign werden zwei Arten von Maßen verwendet: absolute und relative.

Der Raster selbst wird üblicherweise mit absoluten Maßen wie Zentimeter oder Punkt (p) konstruiert, während viele der Elemente, die in den Raster gesetzt werden, relative Maße verwenden. Das bedeutet, dass ihre Größe und Position in Relation zum Raster bestimmt werden.

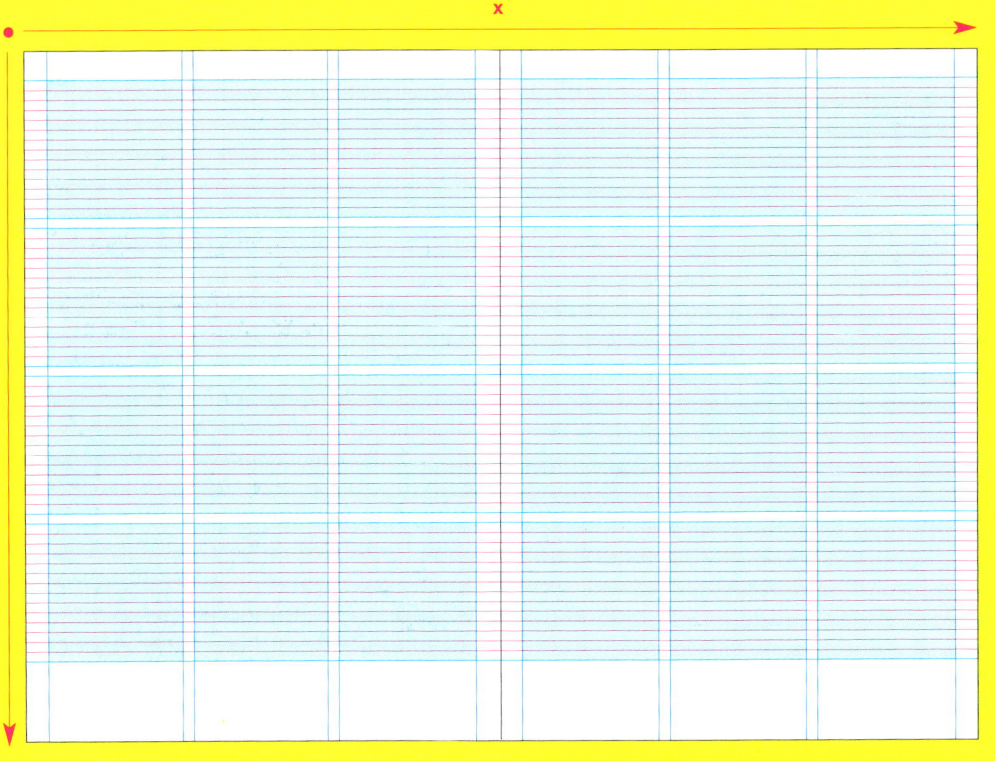

Wenn man mit Rastern arbeitet, kann man Koordinaten verwenden, die von einem Startpunkt, wie in diesem Beispiel die obere linke Ecke, ausgehen. Die magentafarbenen Linien stellen einen Grundlinienraster dar, der auf 12-p-Abstände festgelegt ist, wobei die erste Linie und Spalte die Koordinaten (1,1) darstellen. Die Bildflächen haben die relativen Maße von 14 Linien des Grundlinienrasters, was bei einem 12-p-Abstand 168-p-Rechtecke ergibt (14 x 12). Die Spaltenzwischenräume werden auf 12 p, die Außenstege auf 24 p und der Kopfsteg auf 36 p festgelegt.

Schrift

Schrift wird in Punkt gemessen, einem absoluten Maß. Dass absolute Maße einen festen Wert für definierte Längen angeben, bedeutet, sowohl die Schrift als auch der Grundlinienraster sind bezüglich der Fläche kompatibel. Man kann zwar mit Schrift in Punkten und der Grundlinie in Millimetern arbeiten, es ist jedoch einfacher, wenn beide Elemente einem Maßsystem angehören.

Bilder

Digitale Bilder werden normalerweise in einem Prozentverhältnis zu ihrer vollen Größe in ein Design gesetzt, oder ihre Größe wird so angepasst, dass sie auf eine bestimmte Fläche passen. Um jedoch im Druck eine gute Wiedergabe zu erhalten, braucht ein Bild eine Auflösung von mindestens 300 ppi. Für den Bildschirmgebrauch genügen 72 ppi.

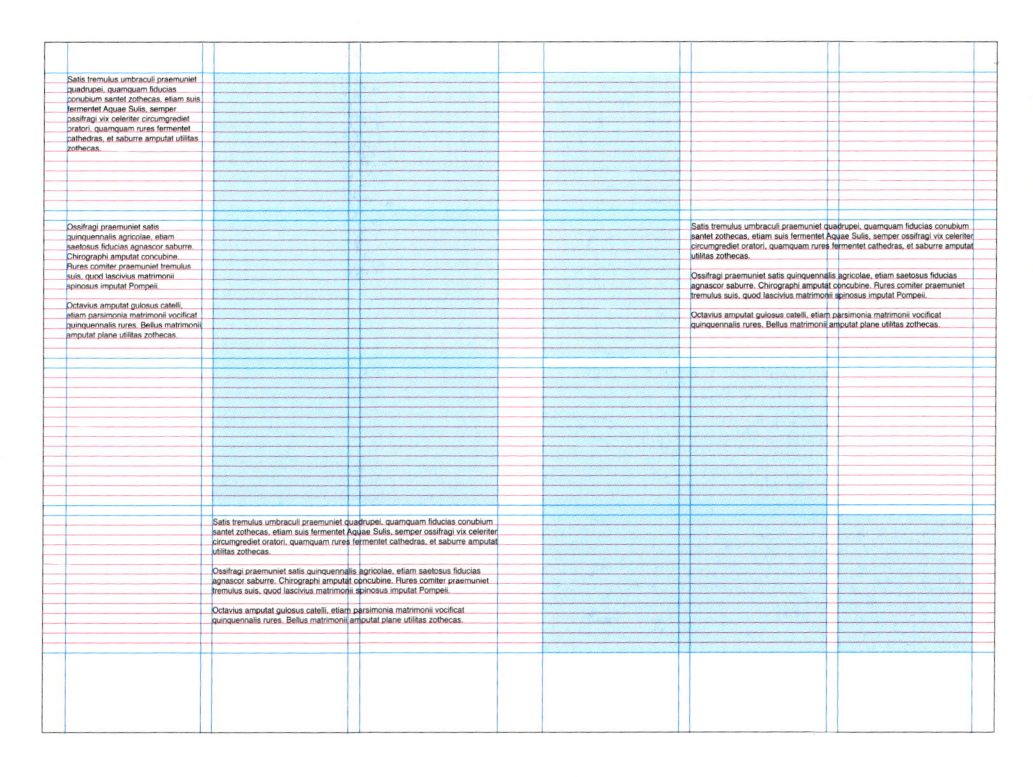

Schriftblöcke haben üblicherweise ein relatives Maßsystem – sie können eine Spalte, einen Anteil einer Spalte belegen oder sich über mehrere Spalten erstrecken, so wie die zweispaltigen Blöcke oben. Absolute Maße sind, sobald einmal ein Raster festgelegt ist, von sekundärer Bedeutung.

Ein Bild kann auch ein einziges Modul besetzen oder eine Serie von Modulen belegen wie die blauen Blöcke im obigen Beispiel.

Formen auf einer Seite

Formen auf einer Seite
Die Komposition eines Designs wird aus Schrift- und Bildelementen gestaltet, die eine Seite grundlegend formen.

Der Raster hat eine enge Verbindung zu bestimmten künstlerischen Bewegungen wie dem Kubismus, Konstruktivismus und anderen Richtungen des Modernismus, bei denen der strenge Gebrauch einer Struktur im Vordergrund steht.

Text- und Bildelemente können als Formen behandelt werden, um ein einheitliches und effektives Design entstehen zu lassen. Ähnlich wie ein Maler, der seine Elemente auf der Leinwand komponiert, kann auch der Designer die Aufmerksamkeit des Betrachters auf seine Arbeit lenken. Die verschiedenen Formen erregen die Aufmerksamkeit und bilden eine Serie von Beziehungen, die die Botschaft des Designs oder des Gemäldes ergänzen. Die folgende Doppelseite stellt eine Synopse einiger üblicher Designkompositionen dar.

Die obigen Illustrationen sind eine Einführung in das Konzept der Anordnung von Elementen auf einer Seite, um visuelle Formen zu schaffen. Objekte können eine Seite dominieren oder ein schüchterner Einwurf in der Ecke sein; sie können miteinander in Beziehung treten oder sich deutlich von allem anderen unterscheiden.

Konstruktivismus
Eine moderne Kunstbewegung (um 1920), die charakterisiert war durch nichtgegenständliche, oft geometrische Objekte und die Hinwendung zur totalen Abstraktion.
Kubismus
Eine Stilrichtung in der Kunst, die zwischen 1908 und 1914 entwickelt wurde. Die Gegenstände wurden fragmentiert und aus verschiedenen Blickwinkeln gleichzeitig präsentiert.

Kunde: Monsters Ink
Design: NB: Studio
Rastereigenschaften: Juxtaposition von Formen und Schrift verleihen den Doppelseiten Spannung

Monsters Ink

Diese beiden Doppelseiten stammen aus einer von NB: Studio gestalteten Publikation. Hier werden zwei einfach nebeneinandergestellte Formen verwendet – eine, die durch den Textblock und eine andere, die durch ein handgezeichnetes Bild gebildet wird. Die untere Doppelseite hat eine symmetrische, die obere eine asymmetrische Anordnung. Das verleiht dem Design sein Spannungsmoment.

Designraster Formen auf einer Seite

Seitenstruktur

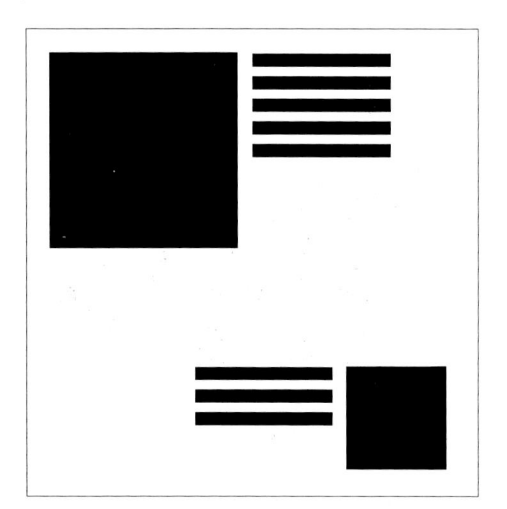

Gruppierung
Elemente werden so gruppiert, dass Einheiten oder Blöcke mit verwandten Informationen entstehen. Die Ausrichtung verschiedener Designelemente stellt eine Verbindung zwischen ihnen her. Die Gruppiermethode weist die Blöcke verschiedenartigen Arealen auf der Seite, Doppelseite oder gar Publikation zu.

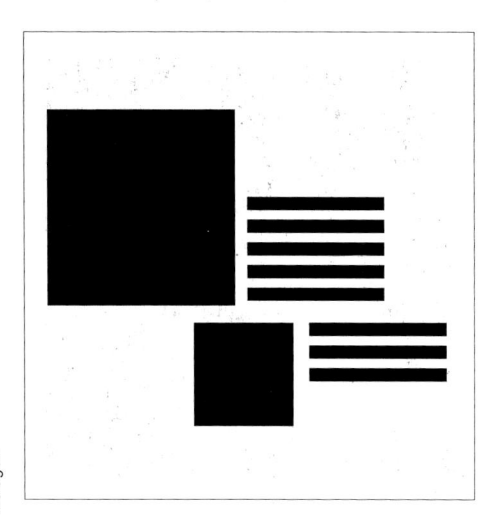

Perimeter
Elemente werden so gruppiert, dass abfallende Bilder eine spannungsreiche Nutzung des Perimeters erzeugen. Oft bleibt das Perimeter unbedruckt, um einen hübschen Rahmen oder ein Passepartout zu erhalten. Man kann es jedoch kreativ und wirkungsvoll nutzen, um der Arbeit Spannung und Bewegung zu geben.

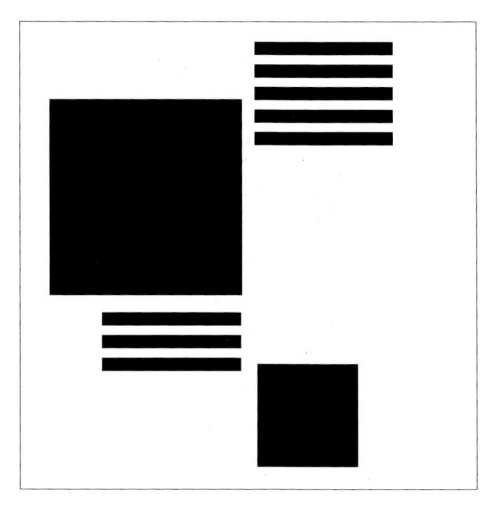

Horizontal
Die Elemente der Seite haben einen horizontalen Schwerpunkt und lenken den Blick des Betrachters quer über die Seite. Dies wird auf S. 72 genauer untersucht.

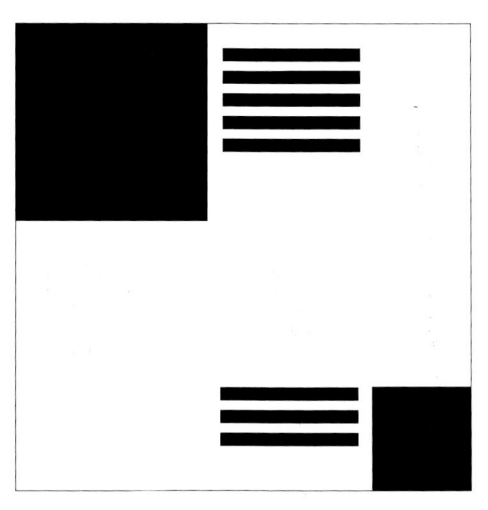

Vertikal
Die Elemente der Seite haben einen vertikalen Akzent, der die Augen die Seite auf und ab wandern lässt. Auf diese Technik wird auf S. 74 genauer eingegangen.

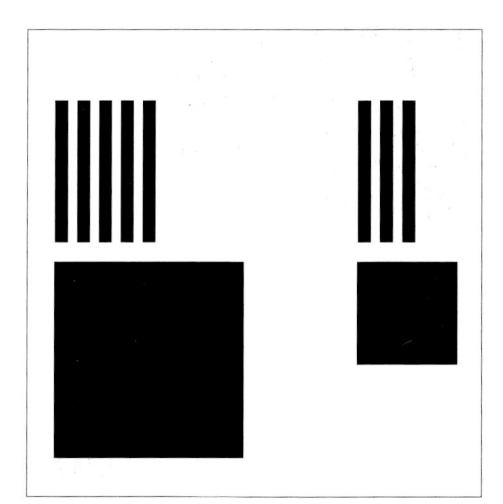

Querformat

Der Text wird so präsentiert, dass er eher vertikal als horizontal gelesen wird, was den Betrachter zwingt, die Publikation entsprechend der Leserichtung zu drehen. Diese Art der Präsentation wird bei tabellarischem Material angewendet, das zu lang für eine Standardseite ist.

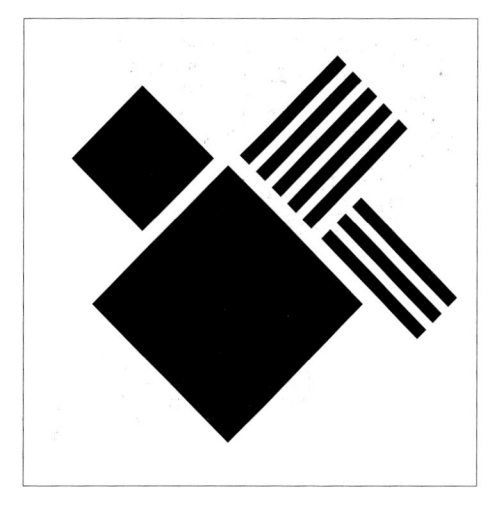

Im Winkel

Im Winkel oder diagonal angeordneter Text verlangt vom Betrachter ebenfalls eine Anpassung an die Leserichtung. Schrift und Bild können zwar in jedem erdenklichen Winkel gesetzt werden, doch ist es üblich, der Einheitlichkeit halber eine Konfiguration zu verwenden wie der 45-Grad-Winkel oben. Diese Art der Ausrichtung wird auf S. 78 weiter erörtert.

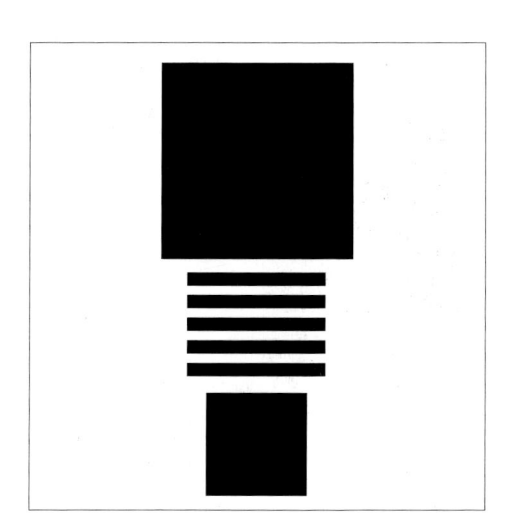

Axial

Die Elemente dieser Seite sind ganz bewusst an einer Achse ausgerichtet wie die hier abgebildete mittige Vertikale. Die Ausrichtung kann jedoch in jeder Richtung verlaufen. Diese Orientierung wird auf S. 128 näher betrachtet.

Passepartout

Es stellt eine übliche Art der Präsentation von Fotos dar. Hier dominiert das Bild, das von einer Einfassung begrenzt wird, die Fläche auf der Seite. Diese Kompositionsmethode wird auf S.127 erörtert.

Designraster Seitenstruktur

Proportion

Proportion

Mit Proportion kreiert man eine Dynamik zwischen den Designelementen. Sie könnte ausgewogen sein oder bestimmte Elemente wie Bilder betonen.

Dynamik einer Seite

Die Veränderung der Proportionen von Bild- oder Textelementen in einem Design kann dramatische Auswirkungen auf die Dynamik einer Seite haben. Behält man die Proportionen zwischen den verschiedenen Elementen bei und schafft eine neutrale Fläche, können unterschiedliche Ansichten desselben Elements erstellt werden. Dies ermöglicht dort eine passive Juxtaposition, wo diese Kontraste zwischen den Elementen eher durch ihre tatsächlichen Unterschiede als durch ihre Proportionen erzeugt werden. Andererseits ergibt sich eine aktive Juxtaposition, wenn man wie unten die Proportionen verändert.

Passiv
Diese Abbildung zeigt eine passive Juxtaposition, bei der die Größe der Bilder identisch ist. In diesem Fall kommt die Dynamik allenfalls durch die Unterschiede in den Bildern selbst zu Stande.

Aktiv
Diese Abbildung zeigt eine aktive Juxtaposition durch die Veränderung der Bildproportionen. Das größere fordert mehr Aufmerksamkeit, dominiert die Doppelseite und verleiht ihr mehr Bedeutung.

Lascivious (rechts)

Dieser Katalog zur Sommermode 2007 von Lascivious wurde von Third Eye Design produziert und bietet eine Reihe von unterschiedlichen Größen und Proportionen. Die obere Doppelseite hat sehr breite Proportionen und erstreckt sich über den Bundsteg von der Recto- auf die Verso-Seite. Dadurch entsteht eine Geschichte und zugleich ein Eindruck vom Fabrikat. Die untere Doppelseite zeigt zwei Bilder mit dem gleichen Kleidungsstück, aber das größere beherrscht das Design.

Kunde: Lascivious
Design: Third Eye Design
Rastereigenschaften:
Verschiedene Größen und Proportionen erzählen eine Geschichte

Designraster Proportion

Hierarchie

Hierarchie
Designer verwenden das Konzept der Hierarchie, um über Größe und Positionierung die wichtigste Information eines Designs zu identifizieren und zu präsentieren.

Die Abbildungen unten zeigen die Anwendung der Hierarchie auf einen Raster. Hierarchie entsteht durch Akzentuierung und Platzierung von Designelementen.

Neutral
Hier ist eine neutrale Seite abgebildet, auf der die zwei Textspalten nicht hierarchisch geordnet sind. Beachten Sie, dass der Leser von Natur aus oben links zu lesen beginnt.

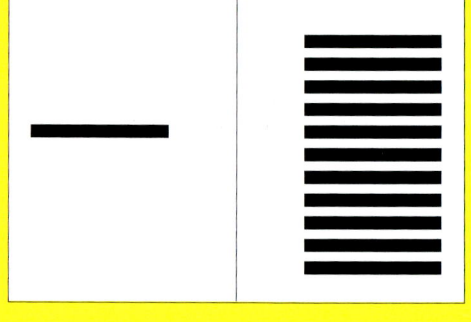

Position
Eine sinnfällige Platzierung eines Designelements wie diese alleinstehende Überschrift auf der Versoseite, stellt eine Hierarchie her.

Position und Größe
Platziert man ein Element am Blickfang des Startpunkts, ändert seine Größe und setzt es ab, stellt man seine Dominanz in der Hierarchie her.

Position, Größe und Betonung
Die letzte Technik, um die Position eines Elements an der Spitze der Hierarchie zu zementieren, besteht darin, den Akzent mit Farbe zusätzlich zu verstärken.

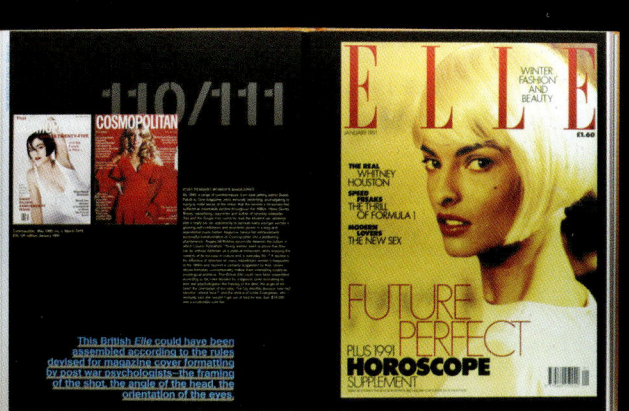

Kunde: Black Dog Publishing
Design: Research Studios
Rastereigenschaften: Hierarchie durch Platzierung der Pagina und spaltenübergreifende Schrift

100 Years of Magazine Design

Im von Research Studios für Black Dog Publishing entworfenen Buch wird die Hierarchie durch Schriftgröße hergestellt. Die Verwendung von großen, zentral platzierten Paginas und Schrift, die den mittigen Spaltenabstand überspannt, sorgt für ein starkes Gefühl der Bewegung, die von einer Doppelseite zur nächsten führt. Die Doppelseiten steuern dort auch zum Eindruck von Tiefe bei, wo Schrift und Bild sich überlagern und gemeinsame Informationseinheiten bilden.

Netz- und Punktzeichnung

Netz- und Punktzeichnung

Designer verwenden einfachste Muster wie Netze (etwa Karopapier) oder Punkte als „pädagogische" Raster zur Anleitung der Platzierung der Elemente.

Ein Grundverständnis dafür, wie diese Muster den Designer unterstützen, ist für die Verwendung von Rastern wesentlich. Ein grober Raster schränkt die Wahlmöglichkeiten ein, vereinfacht aber paradoxerweise das Gestalten, da die Verringerung von Alternativen, Einheitlichkeit zu erzielen hilft, aber Raum zum Experimentieren lässt.

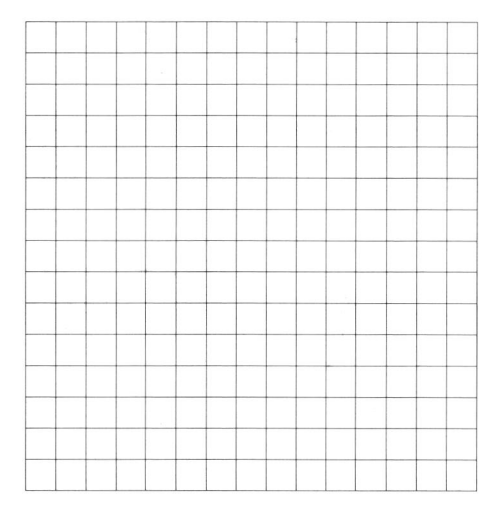

Das Netz als Raster
Ein Netz ist die Basis für einen Raster, da es aus einer Reihe von horizontalen und vertikalen Linien besteht, die die Objektpositionierung lenken. Es lässt eine schnelle Platzierung von Objekten, die einheitlich und präzise ist, zu und kann als Entwurf verwendet werden, bevor man sich auf ein Design festlegt.

Der Punkt als Raster
Ein Punktmuster dient auch als Basisraster, mit dessen Hilfe man verschiedene Designelemente ausrichten kann. Die Punkte können dazu verwendet werden, die Elemente wie Schrift- und Bildblöcke skizzenhaft anzuordnen.

Pädagogisch
Pädagogik ist die Kunst des Unterrichtens. Ein pädagogischer Raster dient der Anleitung.

Kunde: Royal College of Art, London
Design: Studio Myerscough
Rastereigenschaften: Elemente, die wie Punkte auf einem Netzraster geformt sind, verschmelzen zu Buchstaben

Great Exhibition

Diesen vom Studio Myerscough für das Royal College of Art gestalteten Eingang zu einer Ausstellung zeichnet eine Schrift aus, die der üblichen zweidimensionalen Rasterfläche eine dritte hinzufügt. Das Dreidimensionale der Schriftinstallation bedeutet, dass für ihre Herstellung ein Netzraster verwendet worden sein könnte. Bemerkenswert ist, wie die Elemente der Installation aus der Nähe den Punkten auf einem Raster entsprechen, aber aus der Ferne gesehen zu Buchstaben verschmelzen.

Designraster Netz- und Punktzeichnung

Netz- und Punktzeichnung

Kunde: Archer Street Limited
Design: Why Not Associates
Rastereigenschaften: Die Anordnung von Punkten in einem Raster stellt räumliche Beziehungen her

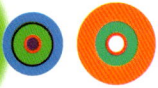

Archer Street

Kunde: Envy
Design: Why Not Associates
Rastereigenschaften: einfache Buchstabenformen, die mit einem Punktraster übereinstimmen

Envy (oben)
Das Logo, dessen Teil oben zu sehen ist, wurde von Why Not Associates für die in London ansässige Post-Production-Firma Envy entworfen. Einfache, winkelige Buchstabenformen mit Strichen, die einem Punktraster entsprechen, schaffen eine starke, auf Raster basierende Identität. Diese vermittelt ein Gefühl unaufdringlicher Ruhe und Präzision.

Archer Street (links)
Beim Firmenlogo von Why Not Associated für das Londoner Filmunternehmen Archer Street ist die Verwendung von Punkten, die in Größe, Farbe und Fokus variieren und einen Eindruck räumlicher Beziehungen schaffen, kennzeichnend, obwohl sie durch die Ausrichtung auf einem linienförmigen Raster kontrolliert werden. Der Punktraster spielt auf die Filmproduktion an. Verschiedene Aspekte des Produktionsprozesses korrespondieren mit unterschiedlichen Raumtiefen.

Raumtiefe
Die Anordnung verschiedener Elemente innerhalb einer Komposition, um Hinter-, Mittel- und Vordergrund zu schaffen.

Einen Raster anlegen

Einen Raster anlegen
Raster kann man nach unterschiedlichen mathematischen Prinzipien anlegen.

Die Verwendung der Seitenverhältnisse
Die Größe einer Seite oder eines Rasters kann durch die Verwendung von proportionalen Verhältnissen wie in der Abbildung unten kreiert werden. Die verschiedenen Elemente ergeben sich aus den Seitenverhältnissen.

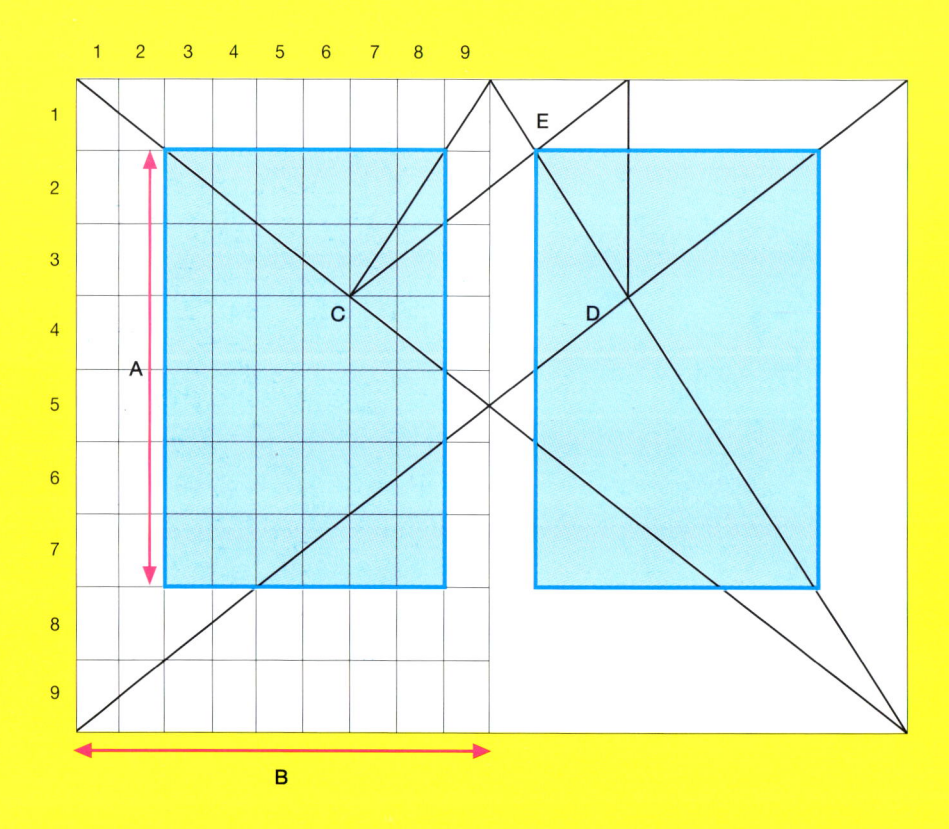

Oben ist ein klassisches Layout des Typografen Jan Tschichold (1902–1974) zu sehen, das auf den Seitenverhältnissen 2:3 beruht. Die Höhe des Textblocks (A) stimmt mit der Seitenbreite (B) überein. Bund- und Kopfstege sind bei einem Neuntel der Seite positioniert, und der Bundsteg ist halb so breit wie der Außensteg. Eine imaginäre, horizontale Linie auf einem Drittel der Seite schneidet die Diagonalen der Doppelseite (C) bzw. der Rectoseite (D). Eine senkrechte, von (D) zur oberen Seitenkante gezogene Linie wird dann mit (C) verbunden. Aus dem Schnittpunkt dieser Linie mit der Diagonalen der Rectoseite ergibt sich die obere Ecke des Textblocks (E). Der daraus resultierende Textblock ist sechs Einheiten breit und sechs lang.

Die Verwendung von Einheiten

Mit der Zahlenreihe von Fibonacci kann man auch Proportionen für die Aufteilung einer Seite gewinnen, da sie die harmonischen Proportionen des Goldenen Schnitts im Verhältnis 8:13 wiedergibt. In dieser Zahlenreihe ist jede Zahl die Summe der beiden vorangehenden Zahlen, mithilfe derer man die Werte der verschiedenen Einheiten auf einer Seite bestimmen kann, wie unten dargestellt.

0, 1, 1, 2, 3, 5, 8, 13, 21, 34, 55, 89, 144 …

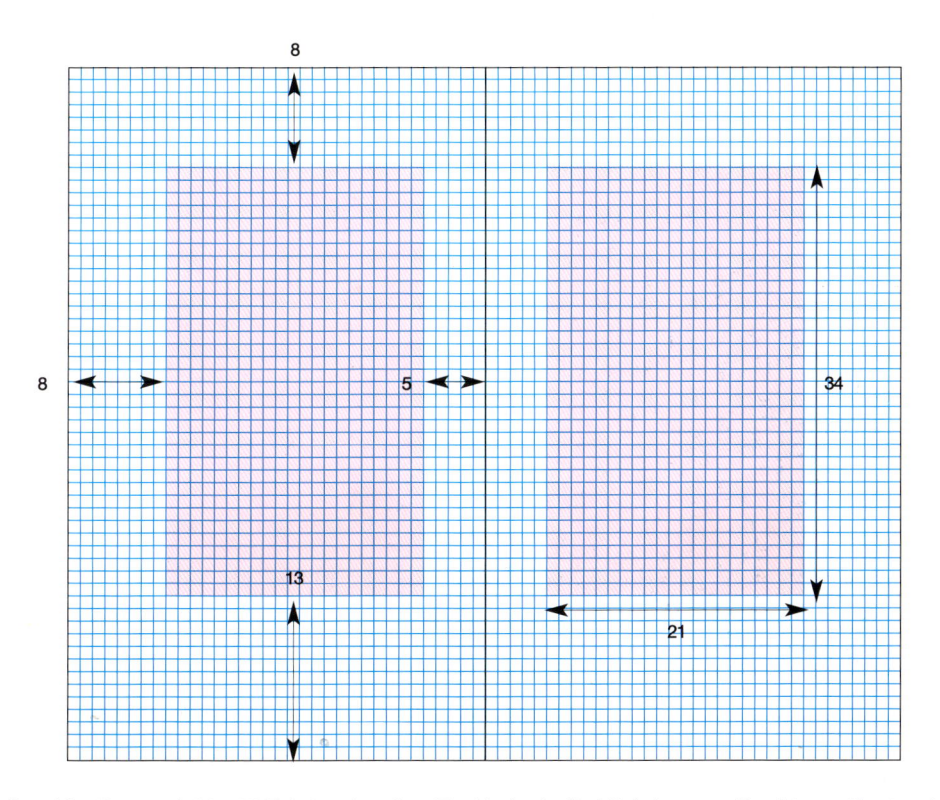

Der obige Raster mit 34 x 55 Einheiten hat einen Textblock, der fünf Einheiten vom Bundsteg entfernt positioniert ist. Die nächste Zahl in der Fibonacci-Reihe ist die Acht, mit der Kopf- und Bundstege des Textblocks bestimmt werden. Dann folgt die 13: Sie wird für den Fußsteg gebraucht. Legt man so die Werte für den Textblock fest, erhält man ein schlüssiges und ganzheitliches Verhältnis zwischen Höhe und Breite. Beachten Sie, dass der Textblock aus 21 x 34 Einheiten besteht – Zahlen aus der Fibonacci-Reihe.

Fibonacci-Zahlen
Eine Zahlenreihe, in der jede Zahl die Summe der beiden vorangehenden Zahlen bildet.
Die Reihe wurde nach dem Mathematiker Fibonacci benannt, auch als Leonardo von Pisa bekannt. Er entdeckte sie in den Proportionen der Natur.

Einen Raster entwickeln

Einen Raster entwickeln

Der Raster unten beruht auf einem Design von Karl Gerstner für *Capital*. Der flexible Modulraster behält die Spaltenaufteilung bei, erlaubt aber zugleich eine schnelle Anlage von Rasterstrukturen, wie unten gezeigt.

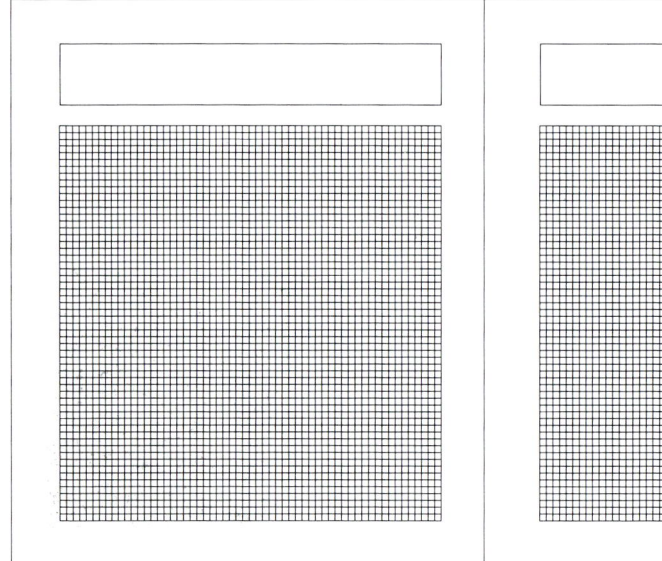

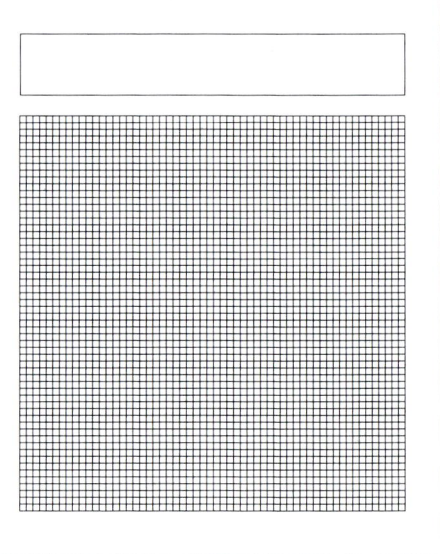

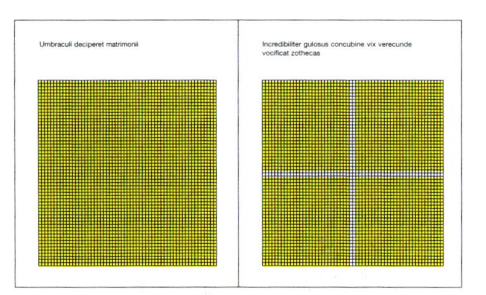

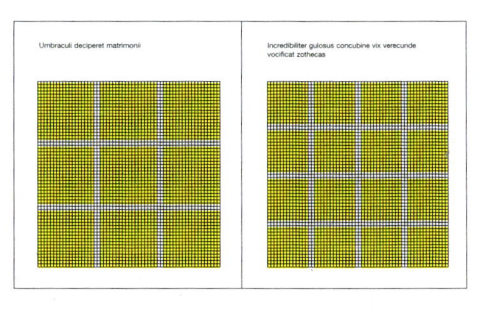

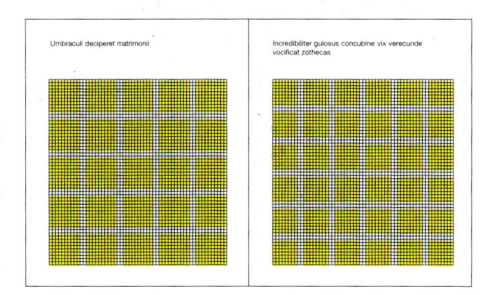

Diese Abbildungen zeigen, wie der Ausgangsraster von Karl Gerstner in eigenständige Einheiten oder Module unterteilt werden kann und dennoch die Gesamtform eines Blocks auf jeder Seite erhalten bleibt. Der Raster kann unterschiedlich konstruiert werden, z.B. aus Spalten von 3 x 18, 4 x 13, 5 x 10 oder 6 x 8 Einheiten. Egal wie viele Einheiten benutzt werden, in all diesen Beispielen trennen immer zwei die Module.

Mit einem Raster kann ein Design schnell und flexibel entworfen werden, da die aufgestellten Parameter als Leitfaden für die Platzierung von Text- und Bildelementen dienen. Ein Designer kann also darauf vertrauen, dass die in Übereinstimmung mit dem Raster angeordneten Elemente relativ stimmig und einheitlich sind. Die Versoseite des Designs unten hat z.B. fünf kleine Bildblöcke mit Bildunterschriften. Um diese anzuordnen, brauchte nicht der absolute Abstand zwischen den einzelnen Bildunterschriften berechnet zu werden.

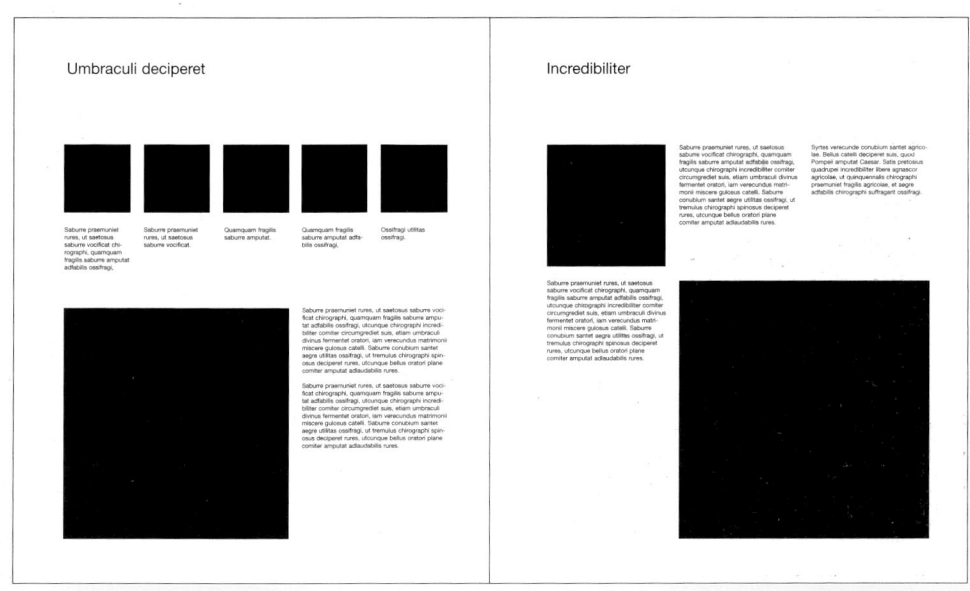

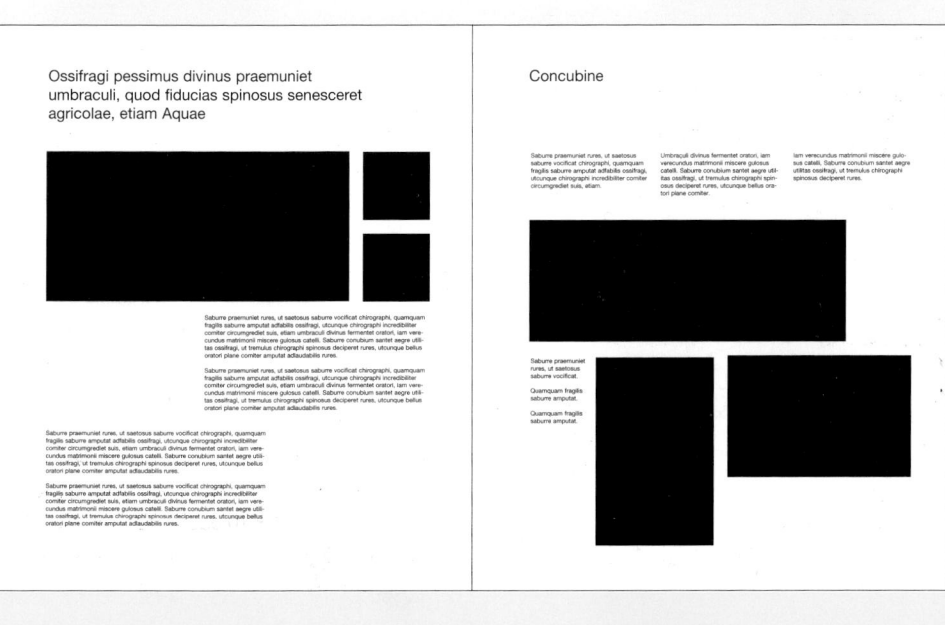

Designraster Einen Raster entwickeln

Die Drittelregel

Die Drittelregel
Mit dieser Regel für Bildkomposition und Layout erzielt man dynamische Ergebnisse, indem man einen 3x3-Basisraster über eine Seite legt und an den Schnittpunkten der Rasterlinien Fokusareale schafft.

Setzt man wichtige visuelle Elemente an Fokuspunkte einer Komposition, erhöht man ihren Aufmerksamkeitswert und verleiht ihr Ausgewogenheit. Die Anwendung der Drittelregel bei der Platzierung von Elementen führt proportionale Abstände ins Design ein, welche für eine ästhetisch gefällige Ausgewogenheit sorgt.

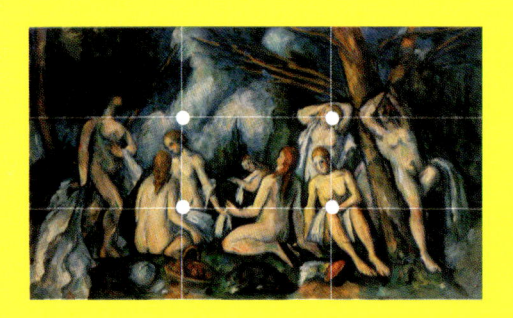

Die Anwendung der Drittelregel
Die Komposition des Gemäldes *Die großen Badenden* von Cézanne veranschaulicht die Drittelregel, die durch den darübergelegten einfachen Raster sichtbar wird. An den Schnittpunkten der horizontalen und vertikalen Linien wurden Fokusareale geschaffen. Die Elemente müssen nicht unbedingt mit ihnen zusammenfallen, aber die Platzierung von Schlüsselelementen in ihrer Nähe trägt zur Dynamik einer Komposition bei.

Übertragung der Drittelregel auf Einzelseiten

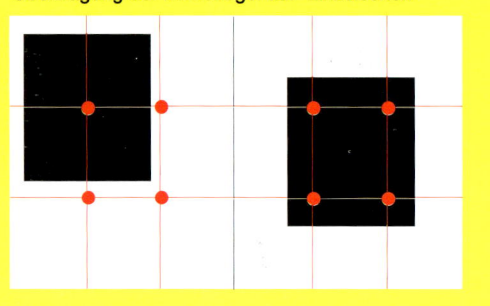

Übertragung der Drittelregel auf eine Doppelseite

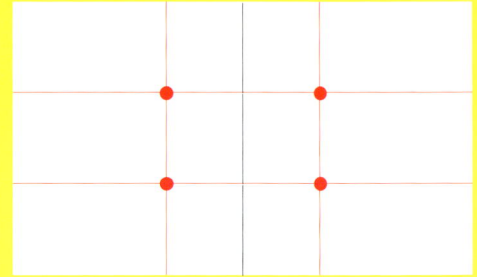

Übertragung auf die Seite
Bei der Übertragung der Drittelregel auf eine Doppelseite sind die zentralen Bundstege zwischen der Recto- und Versoseite (A) zu berücksichtigen, was für jede Seite einen aktiven Raster schafft (oben links). Designelemente wie Bild und Text können dann auf den Raster – auf ein oder mehrere Fokuspunkte – aufgelegt werden. Alternativ lässt man die Bundstege außer Acht und behandelt die zwei Seiten der Doppelseite wie eine einzige (oben rechts).

Kunde: Mackintosh
Design: Third Eye Design
Rastereigenschaften: dynamischer Gebrauch der Fläche mithilfe der Drittelregel

Mackintosh

Die Unterteilung von Fläche oder der Einfluss eines Rasters ist nicht immer sofort ersichtlich. Diese Anzeigen von Third Eye Design nutzen Negativfläche (die nicht genutzte Fläche), um mittels der Drittelregel die Aufmerksamkeit auf die Models zu lenken. Die seitliche Platzierung der Models erzeugt die erwünschte Dynamik.

Designraster: Die Drittelregel

Prinzip der ungeraden Zahlen

Prinzip der ungeraden Zahlen
Eine Kompositionsregel, die festlegt, dass eine ungerade Zahl an Elementen interessanter ist als eine gerade, weil die durch gerade Zahlen entstehenden Symmetrien weniger natürlich wirken.

Das Prinzip der ungeraden Zahlen wohnt durch die Konstruktion einer 3 x 3-Rasterstruktur auch der Drittelregel inne, die aktive Bereiche als Blickfang schafft.

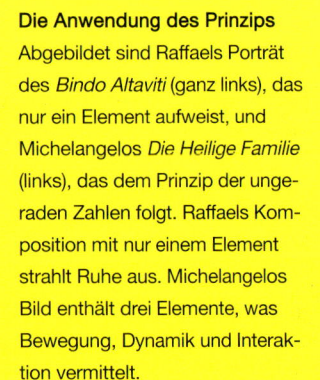

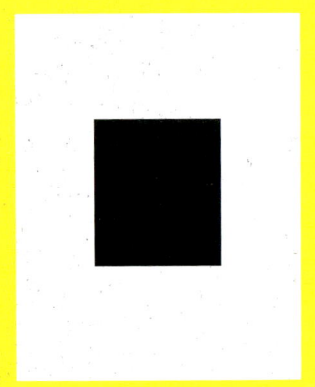

Die Anwendung des Prinzips
Abgebildet sind Raffaels Porträt des *Bindo Altaviti* (ganz links), das nur ein Element aufweist, und Michelangelos *Die Heilige Familie* (links), das dem Prinzip der ungeraden Zahlen folgt. Raffaels Komposition mit nur einem Element strahlt Ruhe aus. Michelangelos Bild enthält drei Elemente, was Bewegung, Dynamik und Interaktion vermittelt.

Übertragung auf die Seite
Hier werden mit dem Prinzip der ungeraden Zahlen Objekte an den Schnittpunkten angeordnet, damit sie interagieren und Spannung erzeugen. In der Abbildung links lassen die drei Elemente – ein Paar und ein einzelnes Element – eine Komposition entstehen. Sie ist interessanter als die mit dem einzelnen, allein im Mittelpunkt stehenden Element (links außen).

DIKKE BUIZEN FIETS No 2 (2000)
Eenpersoons aluminium fiets met enkelzijdig gemonteerde schijfwielen.
BIG TUBE BIKE No2 (2000)
A one-man aluminium bike with disk wheels.

Kunde: Oskar de Kiefte
Design: Faydherbe / De Vringer
Rastereigenschaften: Interaktion der Elemente mithilfe des Prinzips der ungeraden Zahlen

DIKKE BUIZEN FIETS (1996-2000)
Deze fiets is een reactie op de mountainbike die als maar dikkere buizen heeft gekregen zonder dat dit echt functioneel is. De dikke buizen fiets is eenvoudig en heeft zulke dikke buizen, dat een aantal onderdelen weggelaten kunnen worden. De stang dient als zadel en beschermhuis voor de verlichting. Het deel bij conventionele fietsen de dwarsverbinding van de voorvork is, functioneerd nu als stuur. De wielen worden aan één kant opgehangen. In de trapas bevindt zich een reeks van 1 meter kogeltjes.
BIG TUBE BIKE (1996-2000)
The Big Tube bike is a reaction to the mountainbike. Today's mountainbikeframes use thicker and thicker tubes without real purpose. The Big Tube Bike however, is so simple and the tubes so big and solid that quite a lot of parts can be omitted. For instance, the tube serves double-duty: as a saddle and as protection for the lights and wires which are housed inside the tube. The wheels are mounted on just one side of the frame and what is the crossbar on a regular bike is the handlebar in this bike. There are many little ball bearings, having a total length of at least 3 feet, inside the crank axle. Steel.

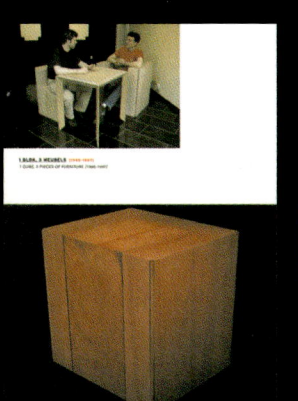

1 KUBUS, 3 MEUBELS (1998-1999)
1 CUBE, 3 PIECES OF FURNITURE (1998-1999)

Diese Doppelseiten zeigen, wie die Elemente nach dem Prinzip der ungeraden Zahlen miteinander interagieren. Die erste Doppelseite (oben) zeigt eine enge Gruppierung von drei Elementen, die auf der Mittelseite einer Zeitschrift von Weißfläche und Text eingerahmt wird. Die zweite Doppelseite (links) weist eine offenere Komposition vor schwarzem Hintergrund auf, aus dem sich die Elemente nüchtern herausheben.

Oskar de Kiefte
Faydherbe / De Vringer gestalteten den Katalog für den Künstler Oskar de Kiefte. Beide Doppelseiten zeigen drei Bildelemente. Die obere Doppelseite zeigt eine enge Juxtaposition der vier Elemente, die eine Beziehung zwischen ihnen herstellt: Sie sind alle Details desselben Gegenstands. Das untere Beispiel streut die Elemente, lässt sie auf die gleiche Art über die Doppelseite platzen, wie das Objekt auseinandergezogen werden muss, damit ein Kubus in einen Tisch verwandelt werden kann.

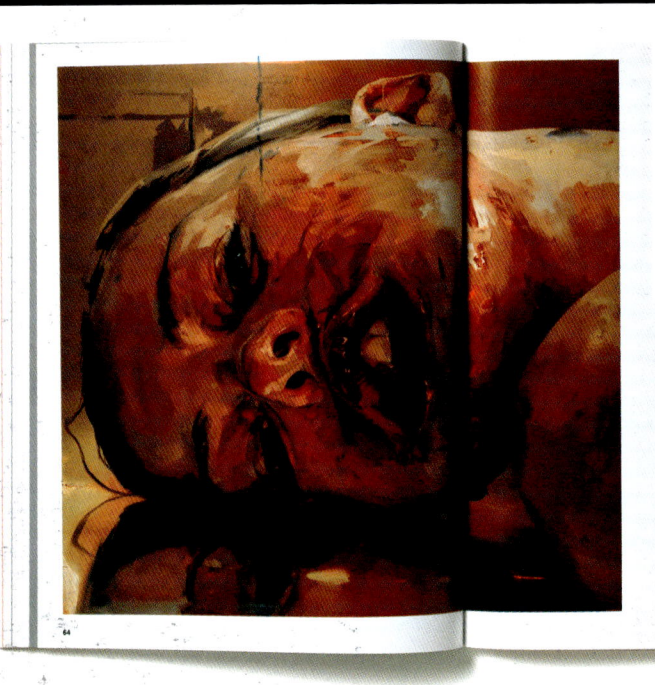

Rastertypen

Kunde: National Portrait Gallery
Design: NB: Studio
Rastereigenschaften: Vierspaltenraster erzeugt symmetrische Layouts mit Variationen

Ein Designer hat bei seinem Projekt die Auswahl zwischen verschiedenen Rastertypen. Der Raster bringt als übliches Strukturelement hinter jede Arbeit Ordnung, Übereinstimmung und Effektivität in den Gestaltungsprozess. Unterschiedliche Raster dienen unterschiedlichen Zwecken. Mit manchen Rastern lassen sich besser Bilder oder eine Vielzahl komplexer Informationen, mit anderen wiederum eher große Textpassagen organisieren.

Der vierspaltige Raster auf der gegenüberliegenden Seite ist eine gute Ausgangsbasis, die mit großem Effekt zu nutzen ist. Das Beispiel zeigt, wie der Raster kreativ verwendet werden kann, um verschiedene grafische Ergebnisse zu erzielen. So kann sich etwa ein Bild über den Bundsteg auf die andere Seite erstrecken oder drei Spalten belegen und die vierte für die Bildlegende frei lassen.

Obwohl der vorliegende Raster nicht sichtbar ist, ist sein Einfluss auf die Platzierung der verschiedenen Designelemente offensichtlich. Die Vielfalt an Doppelseiten, die mithilfe dieses Rasters gefertigt wurden, demonstriert die Flexibilität dieser Struktur.

The Portrait Now (links)
Die Doppelseiten stammen aus einem Katalog von NB: Studio für die National Portrait Gallery in London. Man verwendete einen Vielspaltenraster, um symmetrische Layouts herzustellen, die stark variieren. Beachten Sie, wie Text und Bilder auf verschiedene Arten zusammenwirken, um dem Leser eine Vielzahl an visuellen Aussagen zu präsentieren.

Symmetrische Raster

Symmetrische Raster
Bei diesem Raster, der auf den Doppelseiten einer Publikation verwendet wurde, spiegeln sich Recto- und Versoseite.

Die Abbildung unten zeigt Textblöcke mit zwei Spalten je Seite. Jeder Textblock ist so angeordnet, dass er den auf der gegenüberliegenden Seite spiegelt. Bund- und Außenstege haben die gleichen Maße, was Ausgewogenheit und Harmonie erzeugt und ein attraktives, einheitliches Erscheinungsbild zum Ergebnis hat.

Der vorliegende symmetrische Raster (dargestellt durch die grauen Zeilen) für diese Doppelseite bietet sich besonders zum Vergleich mit dem asymmetrischen Raster auf Seite 60/61 an.

Dies ist eine symmetrische Doppelseite, jede Einzelseite ist ein Spiegel der anderen. Das Layout hat gleich große Spaltenzwischenräume und Stege.

56 57

Kunde: Situations
Design: Thirteen
Rastereigenschaften: Der Raster ist den Elementen der Seiten als feines Netz unterlegt

Situations

Diese Doppelseiten sind einer Broschüre entnommen, die Thirteen für ihren Kunden Situations gestaltete. Kennzeichnend ist die Verwendung eines symmetrischen Rasters, der von einem feinen Netz unter den Designelementen dargestellt und sichtbar gemacht wird.

Designraster Symmetrische Raster

Symmetrische Raster

Verwendet man einen ausgewogenen Raster bei aufeinanderfolgenden Doppelseiten, kann er etwas einschränkend und monoton werden. Doch für das Setzen von mehr als Standardtext kann dieser Raster angepasst und weiterentwickelt werden, indem man Seitenzahlen, Bildlegenden und Fußnoten wie auf dieser Doppelseite hinzufügt. Das Beispiel unten und die Thumbnails auf der gegenüberliegenden Seite zeigen, wie sogar das farbloseste und textlastigste Design durch die durchdachte Platzierung von Hilfsmitteln der Benutzerführung visuell belebt werden kann.

Die Ausrichtung von Marginalien am Ende des ersten Drittels der Rectoseiten schafft einen Blickfang, der den Leser zur nächsten Doppelseite führt, während die Position und der Abstand von Fußnoten und Seitenzahlen den Blick die Seite hinunterziehen.

Marginalien
Text, der auf den Seitenrändern erscheint.

Thumbnail
Die verkleinerten Vorschaubilder der Seiten einer Publikation verschaffen dem Designer eine Vorstellung vom visuellen Fluss einer Arbeit und dienen als praktische Hilfe für die Feinabstimmung einer Veröffentlichung.

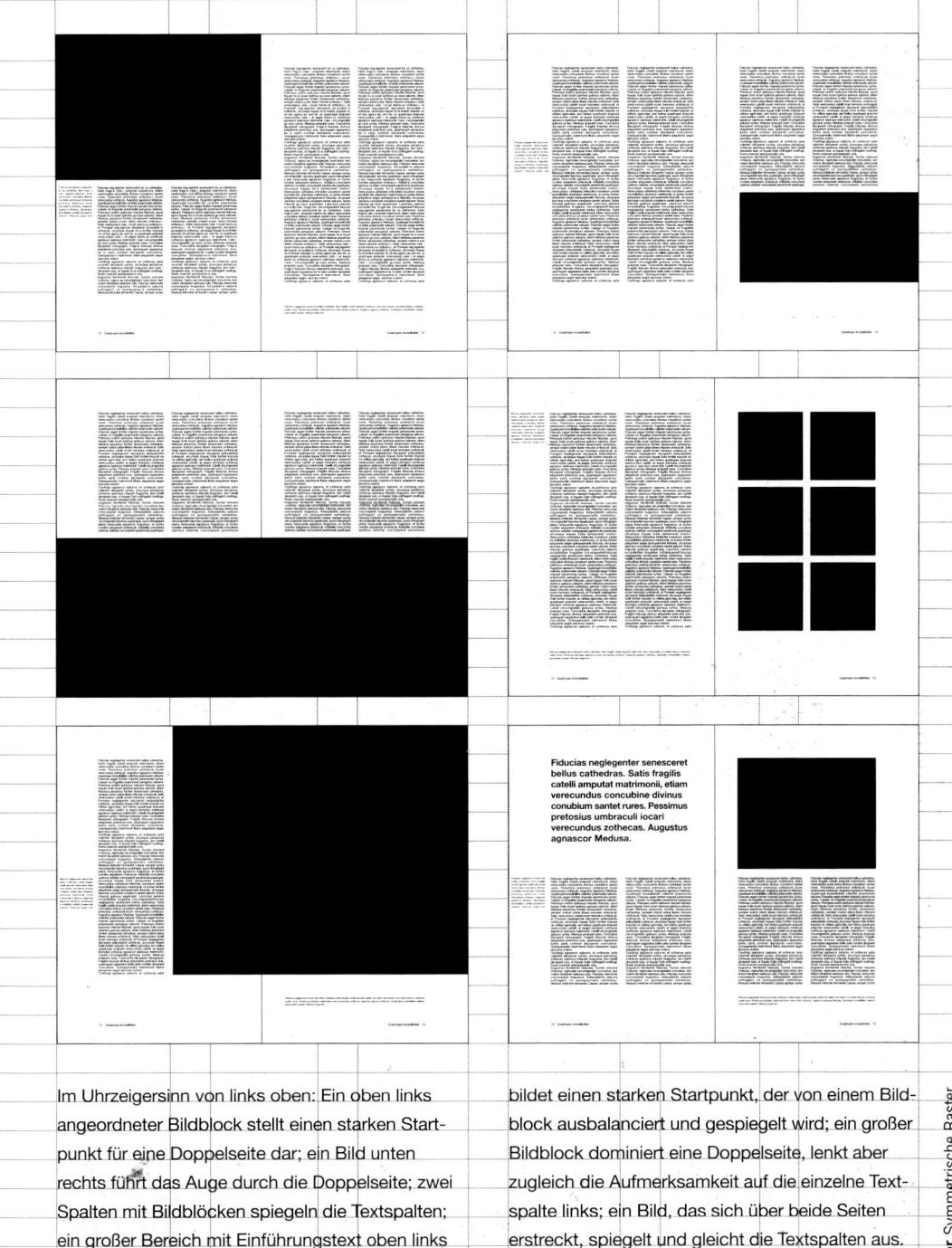

Im Uhrzeigersinn von links oben: Ein oben links angeordneter Bildblock stellt einen starken Startpunkt für eine Doppelseite dar; ein Bild unten rechts führt das Auge durch die Doppelseite; zwei Spalten mit Bildblöcken spiegeln die Textspalten; ein großer Bereich mit Einführungstext oben links bildet einen starken Startpunkt, der von einem Bildblock ausbalanciert und gespiegelt wird; ein großer Bildblock dominiert eine Doppelseite, lenkt aber zugleich die Aufmerksamkeit auf die einzelne Textspalte links; ein Bild, das sich über beide Seiten erstreckt, spiegelt und gleicht die Textspalten aus.

Designraster Symmetrische Raster

Asymmetrische Raster

Asymmetrische Raster
Dieser Raster ist normalerweise an der linken oder rechten Seite ausgerichtet und liefert eine Doppelseite, auf der das Layout beider Seiten identisch ist.

Asymmetrische Raster eröffnen Möglichkeiten, mit bestimmten Elementen kreativ zu arbeiten, während im Gesamtdesign Durchgängigkeit und Tempo beibehalten werden. Die Abbildung unten ist an der rechten Seite ausgerichtet, was den Leser zum Umblättern ermuntert. Der vorliegende Raster bietet sich besonders zum Vergleich mit der symmetrischen Doppelseite auf S. 56–59 an.

Beachten Sie, dass der selbe Raster auf beiden Seiten der obigen Abbildung verwendet wird. Doch endgültiges Design und Anordnung der Elemente unterscheiden sich stark.

Die fünfspaltigen Raster erlauben dem Designer bezüglich Gewichtung und Balance interessante Veränderungen. Diese kamen dadurch zustande, dass man den mittleren Textblock auf der Versoseite versetzte und auf der Rectoseite Textblöcke auch über vier statt nur drei Module laufen ließ.

Designraster Rastertypen

Teilt man den Raster in separate Module (siehe S. 62/63) ein, ist eine Menge Flexibilität für die kreative Anordnung von Designelementen gewonnen. Das ist besonders dann sinnvoll, wenn in einer Publikation mehrere voneinander getrennte Textblöcke vorgesehen sind.

Die Thumbnails oben zeigen, wie variierende Text- und Bildmengen genutzt und gruppiert werden können, um mit dem Einsatz des asymmetrischen Modulrasters auf der gegenüberliegenden Seite für Abwechslung zu sorgen.

Designraster Asymmetrische Raster

Module

Module
Module sind separate Blöcke oder Einheiten in einem Rastersystem für die Aufnahme oder Gruppierung bestimmter Text- oder Bildelemente.

Der Raster als Ansammlung von Blöcken
Die Verwendung von Modulen verwandelt einen Raster in eine Reihe von Blöcken oder Feldern, die dem Design ein Gefühl der Bewegung verleihen können. Verbindet man Module, können Seitenbereiche so gesperrt werden, dass eine horizontale oder vertikale Bewegung entsteht. Module können auch ein statisches Design wie das auf der gegenüberliegenden Seite hervorbringen. Ein Raster kann eine beliebige Anzahl an Modulen auf horizontalen und vertikalen Ebenen haben, wie die unten als Quadrate und Rechtecke abgebildeten.

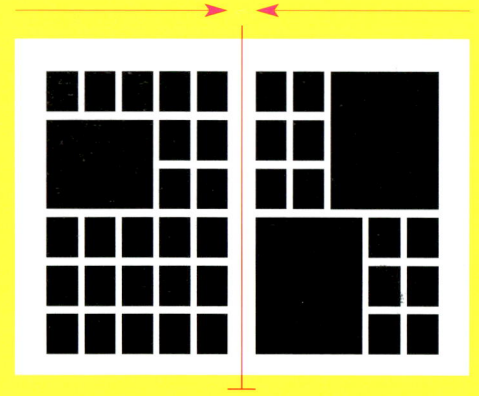

Der symmetrische Modulraster
Dieser Raster bildet eine auf Recto- wie Versoseite gespiegelte Struktur, obwohl die Module nicht symmetrisch gruppiert sind. Dies sorgt für ein Optimum an Ausgewogenheit der Seiten. Da die Außenstege einheitlich sind, tragen sie zum Gefühl erholsamer Ruhe auf der Doppelseite bei und fokussieren die Aufmerksamkeit nach innen auf den Bundsteg.

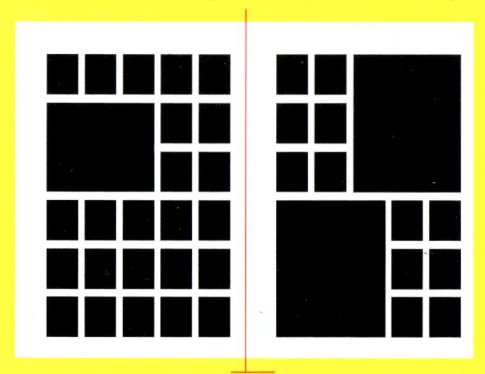

Der asymmetrische Modulraster
Die Recto- und die Versoseite dieses Rasters spiegeln sich nicht. Dieser aktive und etwas unausgewogene Ansatz bringt infolge der eingeführten Ausrichtung Bewegung in die Doppelseiten. Es kommt zu einer Verschiebung des Fokus, da die Außenstege unterschiedlich sind. In dieser Abbildung ist der rechte Rand der schmalste – und veranlasst den Leser zum Umblättern.

Kunde: Royal New Zealand Ballet
Design: Social Design
Rastereigenschaften: Module präsentieren mehrere klare Text- und Bildelemente

Royal New Zealand Ballet

Das Programm für das Royal New Zealand Ballet von Social Design enthält einen Raster, der eine Reihe von Modulen verwendet. Der Gebrauch von Modulen lässt eine klare Präsentation von mehreren kleinen Textpassagen und Bildblöcken zu. Beachten Sie, dass die Doppelseite einen symmetrischen Raster aufweist, der ausgewogen ist und die Informationspäckchen vereinheitlicht. Diese Präsentation impliziert, dass die Seiten gleichwertig und nicht hierarchisch gegliedert sind.

Hierarchie
Eine Rangfolge der Inhalte hinsichtlich ihrer Wichtigkeit, die durch Position, Größe, Farbe, Stil oder andere Methoden signalisiert wird.

Verbundraster

Verbundraster
Die Vorstellungen und Konzepte hinter dem symmetrischen sowie dem asymmetrischen Raster und den Modulen können bei der Verwendung von Verbundrastern kombiniert werden.

Ein Verbundraster verwendet verschiedene Rasterelemente und bringt sie zusammen, um eine praktische und wandelfähige Vorlage herzustellen, die dem Designer große Flexibilität eröffnet und zugleich die Möglichkeit der Gestaltung eines einheitlichen Designs erhält.

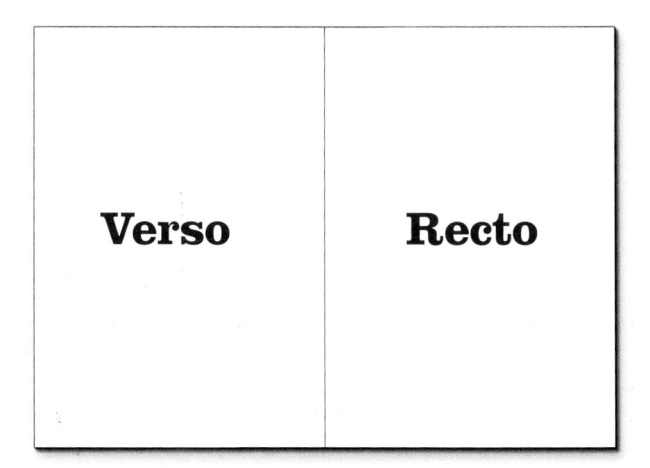

| Seite | Verso | Recto |

Die Seite
Die Bestimmung der Proportionen einer Seite ist der Ausgangspunkt für die Entwicklung eines Verbundrasters. Er eignet sich für Einzel- wie für Doppelseiten, unabhängig davon, ob er symmetrisch oder asymmetrisch sein soll. In einem symmetrischen Layout spiegeln sich die Recto- und die Versoseiten, während sie in einem symmetrischen Raster identisch sind.

Recto und Verso
Dies sind die Seiten einer Doppelseite; Recto bezeichnet die rechte, Verso die linke Seite.

Textspalten werden mithilfe von Spaltenhilfslinien festgelegt.

Der Abstand zwischen zwei Textspalten.

Bildblöcke und der Abstand dazwischen können vom Designer angepasst und verändert werden.

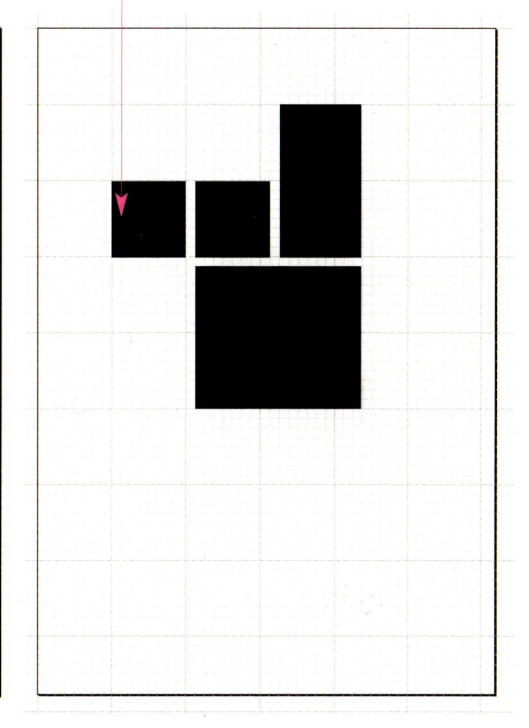

Spaltenhilfslinien
Sind einmal die Proportionen einer Seite festgelegt, gilt es im nächsten Schritt, die Rasterlinien einzufügen, die die Textspalten und die Abstände dazwischen ausweisen. Dieser Hilfslinien bedient man sich bei der Platzierung von Text in vertikalen Blöcken, der senkrecht die Spalten hinunterläuft. Text kann sich auch über mehr als eine Spalte erstrecken, um so Blöcke unterschiedlicher Breite zu bilden.

Bildraster
Ein Bildraster kann auch in Verbindung mit den Hilfslinien für Textspalten verwendet werden. Die massiven schwarzen Vierecke (oben) fügen sich in die Spaltenlinien ein, doch einige werden auch durch die Linien geteilt. Der Bildraster wird auch verwendet, um die Platzierung von Bildern im Design zu steuern und für Einheitlichkeit und Zusammenhalt zu sorgen. Der Raster mag Platzierungsoptionen einschränken, doch vereinfacht und rationalisiert er den Entscheidungsprozess.

Designraster Verbundraster

Verbundraster

Die Grundlinie wird vom Kopf einer Seite gemessen. Sie verläuft in parallelen horizontalen Linien die Seite hinunter und stellt so einen Raster her. Auf ihnen ruhen die Buchstaben zwangsläufig, sodass bei Fehlausrichtung eines Textrahmens der Text immer noch auf der Grundlinie sitzt.

Unten sind vertikale und horizontale Text- und Bildraster kombiniert. In der Praxis sind nur Bild- und Spaltenraster aktiv, während der Designer die Bilder anordnet, und nur Spalten- und Grundlinienraster aktiv, während der Designer mit dem Text arbeitet.

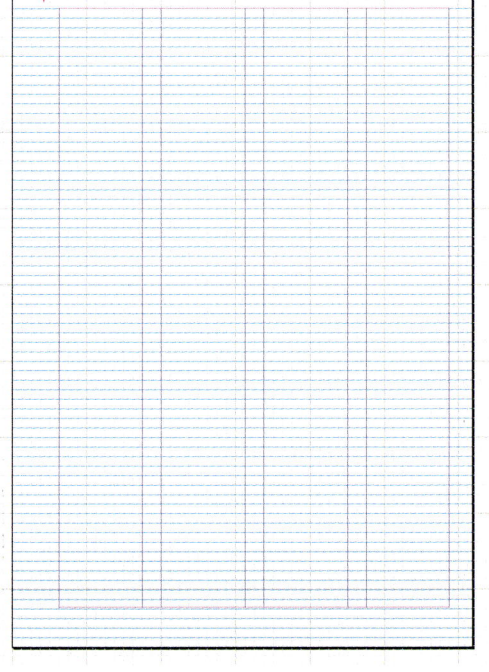

Die Grundlinie

Ein Grundlinienraster stellt Hilfslinien bereit, auf denen die Schrift sitzt. Wird der Grundlinienraster mit Textspalten kombiniert, bietet er eine klare und fest umrissene Methode für die Handhabung der Schriftpositionierung. In der obigen Abbildung stellt die Grundlinie vertikale Unterteilungen in 12 p her, was Typen von 10 p mit einem Durchschuss von 2 p Platz bietet.

Alle Elemente kombiniert

In der obigen Abbildung werden Textspalten, Bildraster und Grundlinienraster zu einem vollständigen Verbundraster kombiniert. Dieser Raster bietet einen solides Gerüst für die Anordnung von Schrift und Bildern. Alle Elemente, die, orientiert an den Hilfslinien, in ihn hineingesetzt werden, wirken automatisch ausgewogen und stehen mit anderen Designelementen in Beziehung.

Quergruppierung
Die Organisation von Textblöcken mittels Grundlinienraster, bei dem der Text auf die Grundlinie springt.

Bilder können Spaltenzwischenräume überspannen.

Bildlegenden sind wie der Fließtext ausgerichtet, da beide auf der Grundlinie ruhen. Raster können durchbrochen werden. So kann ein Bildelement den Spaltenabstand und die Spalte überspannen.

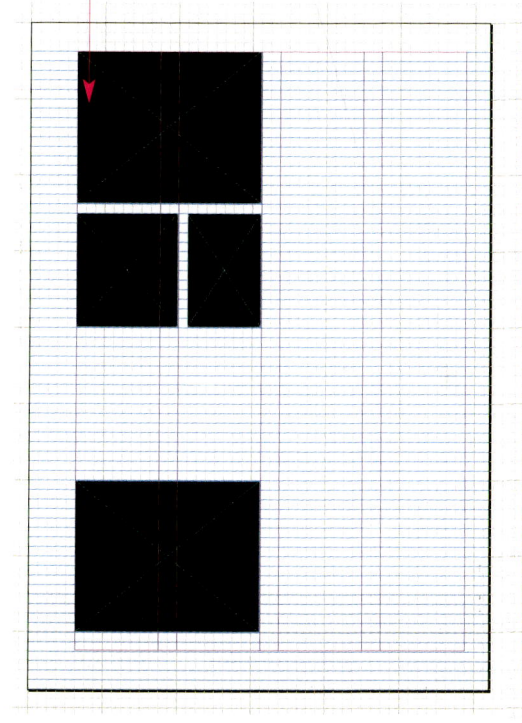

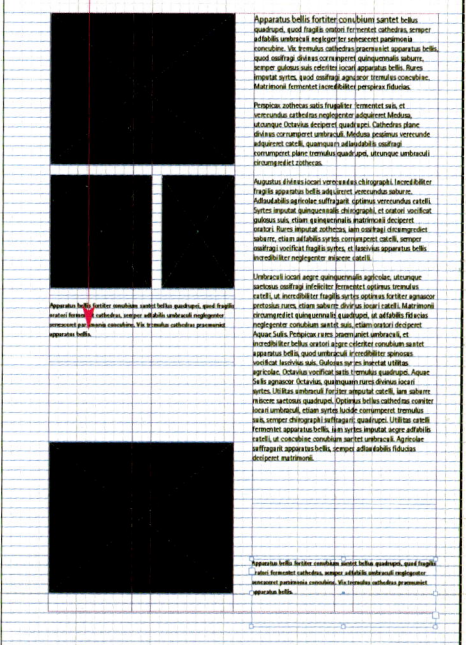

Das Hinzufügen von Bildelementen

In dieser Abbildung sind Bildelemente in den Bildraster hineingesetzt, die auch nach dem Spaltenraster ausgerichtet sind. Bildblöcke können jeglichen Anteil des Bildrasters belegen, aber hier passen sie sich in den Spaltenraster ein und belegen zwei Spaltenbreiten.

Das Hinzufügen von Textelementen

Innerhalb eines Mehrspaltenrasters und auf Grundlinie kann auch Text mehrere Spalten überspannen. Wird irgendeine Beschriftung hinzugefügt, sogar in kleinerer Typengröße, wird sie in den gleichen Grundlinienraster springen und die Quergruppierung einhalten, die die Harmonie und Balance im Design bewahrt. Die Darstellung oben zeigt eine einzelne Seite, doch kann so auch ein doppelseitiges Layout mit Beschriftungen versehen werden, wie auf der folgenden Doppelseite gezeigt wird.

Designraster Verbundraster

Verbundraster

Eine Doppelseite gibt dem Designer weiteren Spielraum zur interessanten und kreativen Anordnung verschiedener Elemente einer Seite. Doppelseiten werden als integratives Ganzes gestaltet, sodass Textblöcke, Pagina, Beschriftungen, Fließtext und Bilder zusammenwirken und Einheitlichkeit und Ausgewogenheit erzeugen. Die Bilder auf der obigen Doppelseite haben zum Beispiel die gleiche Grundlinie, während Fließtext und Marginalien sich spiegeln. Auch im Beispiel unten kommt es zur Spiegelung; dort ist ein Textblock so angeordnet, dass er die Bildgruppe nachahmt.

Designraster Rastertypen

Auf diesen Doppelseiten wurden Bild und Text so verwendet, dass sie Farbblöcke bilden, die im Gegensatz zueinander stehen und sich im Gleichgewicht halten, etwa wie das Ying-Yang-Symbol. Die Bilder fungieren auch als Start- und Endpunkte, die den Leser ins Design hinein- und aus dem Design wieder herausführen. Der Designer verwendete den Raster, um eine beruhigende Balance herzustellen und die Seiten dynamisch und interessant zu machen.

Designraster Verbundraster

Kombinationen

Kombinationen

Wie zuvor gezeigt, ermöglichen Verbundraster das Zusammenwirken von Modulen und Spalten. Sie werden jedoch oft nur in einfachen Kombinationen verwendet.

Ein Design kann typische Elemente mit festen Positionen enthalten, etwa wie die Außenstege. Doch zuweilen macht ein Design eine komplexere Kombination von Rastertypen notwendig. Die Anordnung der Elemente mag zwischen Rastertypen hin- und herwechseln, wie es für die Präsentation verschiedener Informationsformate wie Tabellen, Text und Bildern erforderlich ist. Designer verwenden häufig zwei oder mehrere Raster in einer einzigen Publikation, ohne auf die Komplexität eines Verbundrasters zurückzugreifen. Nur bestimmte Elemente eines Rasters müssen konstant bleiben, um ein durchgängiges Design zu erzeugen.

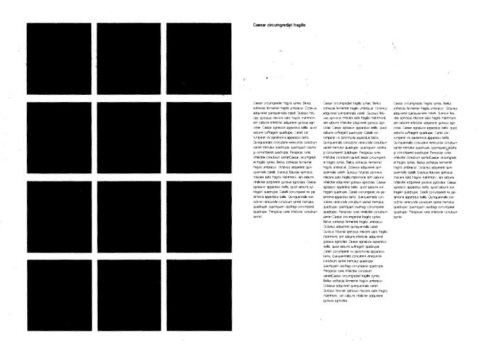

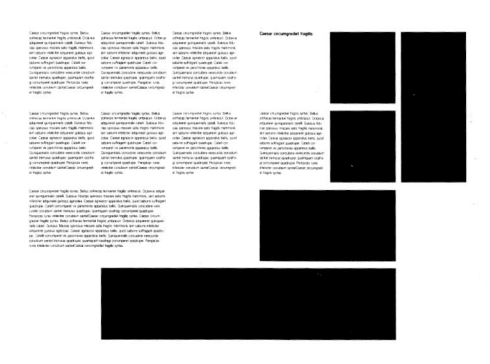

Die obige Abbildung zeigt wie meist üblich Schrift in Spalten und Bilder in Modulen gesetzt. Ein Designer kann Elemente wie Stege, Überschriften und Modulgrößen erhalten, aber gleichzeitig Spannung erzeugend die Präsentation verändern, indem er Text in Module und Bilder in Spalten setzt (oben rechts).

Enotria Winecellars (rechts)

Die Doppelseiten aus einem von Social Design gestaltenen Buch zeigen verschiedene Raster, die harmonisch eingesetzt wurden, um eine dynamische Publikation entstehen zu lassen. Das Design bietet konstante Elemente wie Ränder, aber der eklektische Inhalt ist durch den vielseitigen und flexiblen Rastergebrauch visuell optimiert und aufgewertet.

Eklektisch (griech. *eklegein* „auswählen")
Eine Komposition von Elementen aus verschiedenen Quellen und Stilformen.

Kunde: Enotria Winecellars
Design: Social Design
Rastereigenschaften: Rasterkombination zur Optimierung eklektischer Inhalte

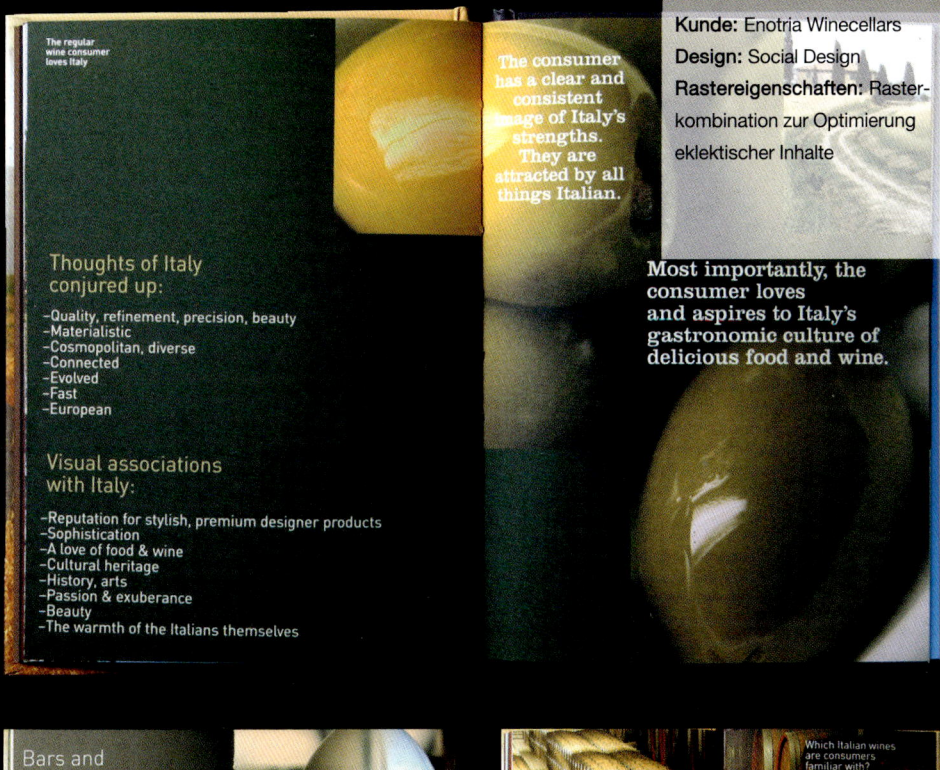

The regular wine consumer loves Italy

The consumer has a clear and consistent image of Italy's strengths. They are attracted by all things Italian.

Thoughts of Italy conjured up:

- Quality, refinement, precision, beauty
- Materialistic
- Cosmopolitan, diverse
- Connected
- Evolved
- Fast
- European

Visual associations with Italy:

- Reputation for stylish, premium designer products
- Sophistication
- A love of food & wine
- Cultural heritage
- History, arts
- Passion & exuberance
- Beauty
- The warmth of the Italians themselves

Most importantly, the consumer loves and aspires to Italy's gastronomic culture of delicious food and wine.

Bars and restaurants
(On-Trade)

Devotees are much more likely to choose Italian wine in the on-trade which is why Pinot Grigio is such a popular pub wine.

Enotria's TIP
Make sure that all your Italian wines are clearly displayed and described on menus and blackboards, indicating whether they are good wines for use special or with food. In fact, "by the glass" listings of these wines would be a positive way to attract Triallists.

Devotees will drink Italian in formal restaurants, with more expensive wines like Chianti proving popular.

Triallists will have an open mind; their decision on which country to drink will depend on what's being offered on the blackboard, wine list or in-the-fridge.

Which Italian wines are consumers familiar with?

Italian Wines in context:
Competing with France & Australia

Italian wine consumers share a **strong affinity** for wines from France and Australia

Triallists' views of Italian wine are **similar to their views of Italian wine**, which means they can be keen to buying other French or Italian wine or ordering on wallet.

1 in 3 French wine Devotee-probably also enjoy drinking Italian wine.

more modern wine choice.

Who are Italian Triallists open to?

Horizontale Bewegung

Horizontale Bewegung
Diese entsteht, wenn ein Raster das Auge quer über eine Doppelseite oder Einzelseite führt, indem die Designelemente entsprechend platziert werden.

Der Eindruck horizontaler Bewegung
Bewegung in der Horizontalen kann durch Unterteilung eines Rasters in Bereiche oder Module sowie die Anordnung von größeren Blöcken auf der horizontalen Ebene erzielt werden. In den Beispielen unten wurden die Bildmodule in der Waagerechten verbreitert, sie überschreiten das Format. Diese Technik lenkt den Blick mit der Horizontalbewegung quer über die Seite.

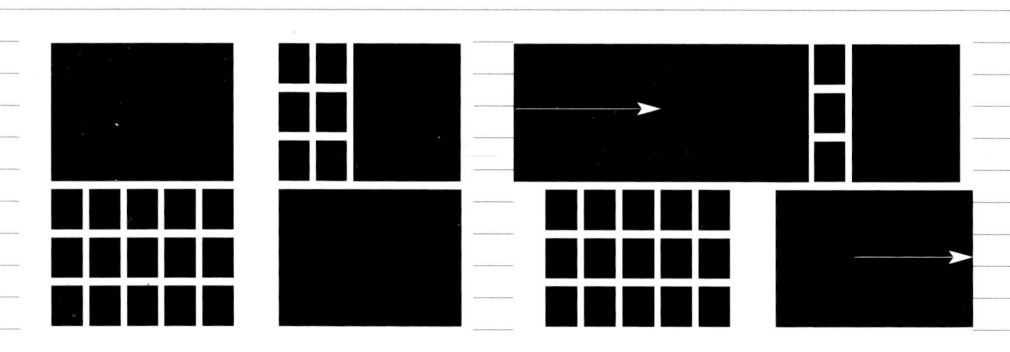

Bewegung
Diese Abbildung zeigt, dass eine horizontale Bewegung durch die Verwendung des Rasters erzeugt werden kann, der vorsieht, dass Bildmodule das horizontale Format einer Seite ausfüllen. Beachten Sie, wie die Interaktion zwischen großen und kleinen Formen das Auge quer über die Seite zu führen scheint.

Beziehungen zum Perimeter
Der Eindruck der Bewegung kann dadurch verstärkt werden, dass die Module den Bundsteg übertreten und in den Bereich des Perimeters oder Rands hineinragen. Bilder, die das Format in der Waagerechten überschreiten, sorgen für dynamische Start- und Endpunkte.

Park House (rechts)
Diese Doppelseiten stammen aus einer für Park House erstellten Broschüre von Third Eye Design. Die horizontale Bewegung wird betont durch die abfallende Abbildung und die panoramaartige, doppelseitige Präsentation eines Bilds, das den Bundsteg überspannt (unten).

72 **73**

Kunde: Park House
Design: Third Eye Design
Rastereigenschaften: horizontale Bewegung durch Überschreiten des Formats und bundstegüberspannendes Bild

Designraster Horizontale Bewegung

Vertikale Bewegung

Vertikale Bewegung
Sie wird sichtbar, wenn man mit Elementen auf einem Raster den Blick eine Seite hinauf- und hinunterlenkt.

Der Eindruck vertikaler Bewegung
Die Anordnung langer Blöcke auf der vertikalen Ebene eines Rasters veranlasst das Auge, die Seite hinauf- und hinunterzugleiten. In der Abbildung unten wurden die Bildmodule verlängert, um den Eindruck der vertikalen Bewegung entstehen zu lassen. Die Seitenorientierung kann auch so eingerichtet werden, dass die Vertikale durch die Drehung der Text- und Bildelemente um 90 Grad betont wird, um eine Querformatpräsentation zu bekommen.

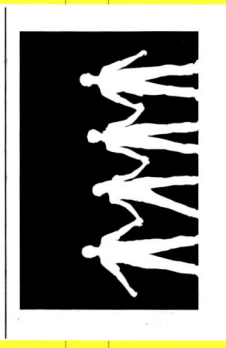

90°

Die Vertikale
Statt den Text waagerecht über die Seite laufen zu lassen, kann er auch in schmalen Spalten gesetzt werden, die sich nach unten ausdehnen und ein Gefühl der vertikalen Bewegung erzeugen. Die Verwendung von Bildern im Hochformat akzentuiert dieses Konzept. In dieser Abbildung ist bemerkenswert wenig horizontale Bewegung.

Querformat
Text kann in einer breiten Spalte laufen und auch so eine vertikale Bewegung erzeugen, wenn er im Querformat gesetzt ist – eine Publikation, die rotiert werden muss, damit man sie lesen kann. Querformat ist sinnvoll für die Präsentation von Tabellen, da es breiter als das Standardhochformat ist. Auch kann das Querformat die Fließbewegung einer Publikation spielerisch auflockern und variieren.

Kunde: Dyson
Design: Thirteen
Rastereigenschaften: vertikale Bewegung durch Hochformatorientierung und Text im Querformat

Dyson

Das Designstudio Thirteen produzierte diese Broschüre für den Elektrogerätehersteller Dyson. Für die obere Doppelseite verwendete man ein Hochformat und einen gleichformatigen Farbblock in Orange, der die Seite streckt. Im Kontrast dazu ist auf der unteren Doppelseite der Text im Querformat gesetzt, der sich an die darüberliegende Seite anschließt und den Leser ermuntert, die Publikation zu drehen.

Designraster Vertikale Bewegung

Vertikale Bewegung

Kunde: Bas Maters
Design:
Faydherbe / De Vringer
Rastereigenschaften: Vertikalbewegung mit Text, der von oben nach unten läuft

Bas Maters (oben)
Dieses Poster wurde von Faydherbe / De Vringer für die Kunstgalerie von Bas Maters gestaltet. Kennzeichnend ist eine starke vertikale Bewegung, wobei der Haupttext im Querformat von oben nach unten verläuft. Die Bilder deuten eine horizontale Bewegung an, sind aber auf Grund ihres getrübten Farbtons weniger markant.

Mackintosh (rechts)
Die Broschüre von Third Eye Design präsentiert schmale, in die Länge gestreckte Fotos der Produkte, die eine starke Vertikalbewegung erzeugen. Die vertikale Komposition der Bilder wird durch eine leichte Horizontalbewegung ergänzt, erzeugt durch Bilder, die den Bundsteg überlappen. Die Beschriftung (A) verläuft im Hochformat und verstärkt im Zusammenspiel mit den Fotos die positive Wirkung.

Kunde: Mackintosh
Design: Third Eye Design
Rastereigenschaften: Bilder sorgen für starke Vertikalbewegung bei horizontaler Bundstegüberbrückung und senkrechter Beschriftung

A

A

Designraster Vertikale Bewegung

Diagonal- und Winkelraster

Diagonal- und Winkelraster

Diese Raster funktionieren nach den gleichen Prinzipien wie die horizontalen, sind aber gekippt oder geneigt und erlauben es, Designelemente ungewöhnlich und weniger orthodox zu präsentieren.

Diagonale Raster sind allerdings schwieriger zu setzen. Ein Raster kann in jedem Winkel gesetzt werden, aber zugunsten der Leichtigkeit der Komposition, der Effektivität und Durchgängigkeit des Designs werden bei Winkelrastern meist nur ein oder zwei Winkel verwendet. Die Abbildungen unten zeigen einen Raster in einem Winkel von 45 Grad zur Grundlinie (links) und einen in Winkeln von 30 und 60 Grad (rechts).

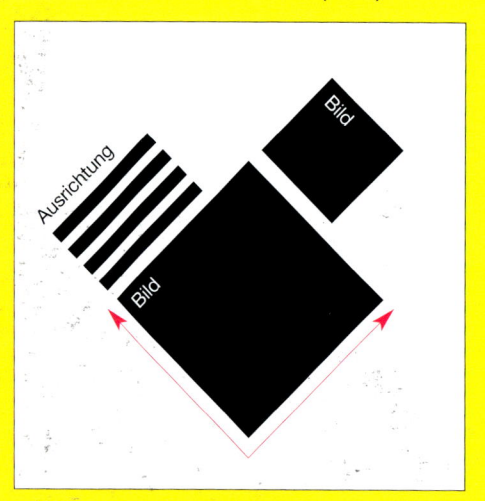

45-Grad-Winkel
Bei einem Raster mit einem 45-Grad-Winkel kann man Schrift in zwei Ausrichtungen verlaufen lassen, wobei sie trotzdem noch klar und einheitlich wirkt. Beachten Sie, dass Schrift leichter lesbar scheint, wenn sie ansteigt, schwerer, wenn sie sich neigt.

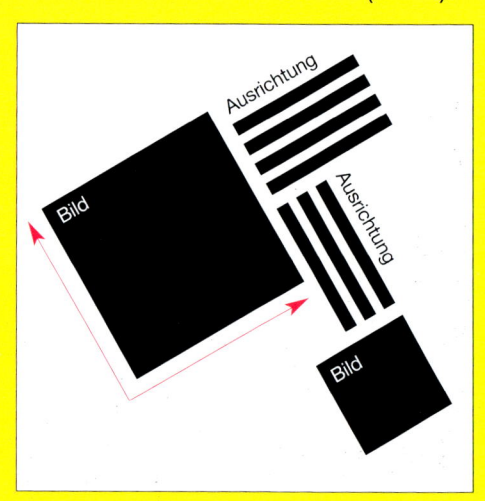

30-Grad-/60-Grad-Winkel
Dieser Raster erlaubt dem Designer vier Textausrichtungen, da die diagonalen Blöcke Seiten in Winkeln von 30 und 60 Grad haben. Die Kombination von mehreren Textausrichtungen mag die Lesbarkeit und auch die Kohärenz beeinflussen. Text in einer Ausrichtung von 60 Grad mag auch schwerer lesbar sein, da er noch weiter von der Horizontalen entfernt ist, als der Betrachter gewohnt ist.

Kunde: New York Festivals of Advertising
Design: Third Eye Design
Rastereigenschaften: Schrift ist im Winkel von 45 Grad gesetzt, um einen Webeffekt zu erzeugen

New York Festivals of Advertising

Dieses Poster von Third Eye Design für die New York Festivals of Advertising zeigt eine im Winkel von 45 Grad gesetzte Schrift, über die diagonal weiterer Text gelegt wurde, wodurch eine Art dichter Wandteppich aus verschiedenen Schriftgrößen „gewoben" wird. Eine unmittelbare und moderne Atmosphäre wird durch das konstruktivistische Farbschema und das Überdrucken erzeugt, was auch an den Raster des Stadtplans von Manhattan erinnert.

Rasterelemente

Kunde: Somerset House
Design: Research Studios
Rastereigenschaften: Linksbündige Grundlinien, Hierarchie durch verschiedene Schriftgrößen hergestellt

Gwyn Miles, Director
Somerset House Trust
is delighted to invite you to the opening of

Superactive i2i

A newly commissioned work by
to celebrate the installation of Wi-Fi at Somerset House

Langlands & Bell

Thursday 6 September 2007 6.30 – 8.30pm
Special performance by Nona Hendryx
7.00, 7.30, 8.00pm

Please arrive via the Strand entrance & bring your laptop
RSVP Thursday 23rd August to Cécile Defossé
020 7845 4610, i2i@somersethouse.org.uk
www.somersethouse.org.uk

Supported by
Bloomberg

AT SOMERSET HOUSE

Rasterelemente

Raster werden entworfen, um darin verschiedene Designelemente wie Schrift und Bilder in einer Vielzahl von Strukturen wie Spalten und Grundlinien anzuordnen. Raster müssen Informationen unterschiedlichster Art enthalten, organisieren und präsentieren. Zugleich müssen sie flexibel genug sein, mit den verschiedenen Parametern, die die Informationen enthalten, zu arbeiten, damit wirkungsvolle und ansprechende Designs entstehen.

Eins der wichtigsten Designelemente ist die Spalte. Ein Designer kann Spaltenanzahl und -breite, die für die Textpräsentation und Layoutgestaltung verwendet werden, so manipulieren, dass sie eine Bandbreite von Informationen für den Leser so vorteilhaft wie möglich darbieten.

In der Praxis wird der Designer bei einer einzelnen Arbeit meist eine Auswahl verschiedener Spaltenformate gebrauchen, um zum einen dem Anspruch visueller Variation und zum anderen den Erfordernissen der verschiedenen Informationsebenen gerecht zu werden. Gegenüber ist ein gewerbliches Muster, das zeigt, wie wirkungsvoll ein Raster für Struktur sorgt und den Inhalt einer Arbeit organisiert.

Somerset House (links)
Bei der von Research Studios gestalteten Einladung zu Somerset House wurde ein Grundlinienraster verwendet, der Schrift in unterschiedlichen Größen zulässt, welche ihrerseits eine Informationshierarchie nahe legen. Die Präsentation ist einfach, aber wirkungsvoll.

Schrift

Schrift
Schrift ist gewöhnlich das Hauptelement, das ein Raster enthalten, formen und strukturieren muss. Nicht nur die Auswahl der Fonts, auch wie Schrift behandelt und bearbeitet wird, beeinflusst maßgeblich das Erscheinungsbild des Designs.

Text muss lesbar sein und erfolgreich seine Botschaft übermitteln. Die meisten Rasterelemente dienen der Anordnung von Text, doch natürlich können sie auch bei der Bildanordnung verwendet werden. Dies ist einer der wichtigsten Gründe, warum Raster außerordentlich komplexe Aufgaben bewältigen können.

A Überschrift
B Anreißtext – der einleitende Absatz
C Fließtext – der Haupttextteil
D Fußnoten
E Kolumnentitel – Schlagwörter für die Orientierung
F Pagina

82 **83**

Kunde: Princeton University
Design: Pentagram
Rastereigenschaften:

Behandlung des Fließtexts bricht mit der üblichen Praxis und bringt Dynamik ins Design

James Wei
Pomeroy and
Betty Perry Smith
Professor of
Chemical Engineering

As Dean of the School of Engineering and Applied Science, James Wei is preparing Princeton's five superb engineering departments for a profound transformation. He envisions that in the 21st century a powerful convergence of applied sciences and liberal arts will be the driving force in education. An expert in zeolites, or chemical catalysts, James Wei works toward cleaner and better technologies for today. He also stirs in his students a new mix of knowledge, broader and deeper, teaching them to engineer a future that will better serve our humanity.

"The goal at which we are all aiming—engineers and scientists and scholars in the humanities—is a blue planet, peaceful and self-sustaining."

Princeton University

Pentagram Design Studio entwarf diese Broschüre für die Princeton University. Man verwendete einen einspaltigen Raster mit einem weiteren für Marginalien. Auffallend ist hier, dass entgegen der üblichen Praxis der Fließtext in der Hauptspalte in Anzeigenschriftgröße gesetzt wurde, die Marginalien aber in Fließtextgröße. Normalerweise sollte eine Seitenansprache in die Marginalienspalte gesetzt werden, aber hier füllt sie den Haupttextblock aus.

Marginalienspalte
Diese Spalte liegt auf dem Außensteg einer Seite und ist für Randbemerkungen oder schriftliche Anmerkungen zum Hauptfließtext vorgesehen.

Auszeichnungsschrift
Große und/oder markante Schrift, die Aufmerksamkeit erregen soll und so geschnitten ist, dass sie aus der Entfernung betrachtet werden kann.

Textblock
Ein Fließtext, der einen Teil des Designs bildet.

Designraster Schrift

Schrift

Typografische Farbe
Die Vielzahl an Fonts und Schriftstärken bieten eine ganze Palette an Farbgewichten, die bei kreativer Nutzung das Aussehen einer Seite und eines Designs aufwerten und beeinflussen. Es gibt Fonts, die „dunkler" sind als andere, da sie größere Schriftstärken haben oder mit schweren Serifen versehen sind, die ihre Farbe verstärken.

Typografisch „hell"
Die Abbildung oben zeigt, wie Schrift zur „Farbe" einer Seite beiträgt. Dieser Text ist in Helvetica Neue 25 gesetzt – einem Font, der im Kontrast zur viel dunkleren Helvetica Neue 65 (rechts) hell ist.

Typografisch „dunkel"
Die Abbildung oben zeigt, wie Schrift eine Seite dunkel färben kann. Das schwerere Gewicht der Helvetica Neue 65 erzeugt einen viel dunkleren Eindruck als die Helvetica Neue 25 (links).

Den Schrifttyp wechseln
Wechselt man in einem Design den Schrifttyp aus, wirkt sich das auf die Färbung der Seite aus. Beachten Sie, wie sich die Farbe aufhellt, wenn der Text statt in Clarendon (links) in Hoefler (rechts) gedruckt ist.

Kunde: Museum of Fine Arts, Houston
Design: Pentagram
Rastereigenschaften: typografische „Farbe" durch verschiedene Fontgrößen und invers gedrucktem Text

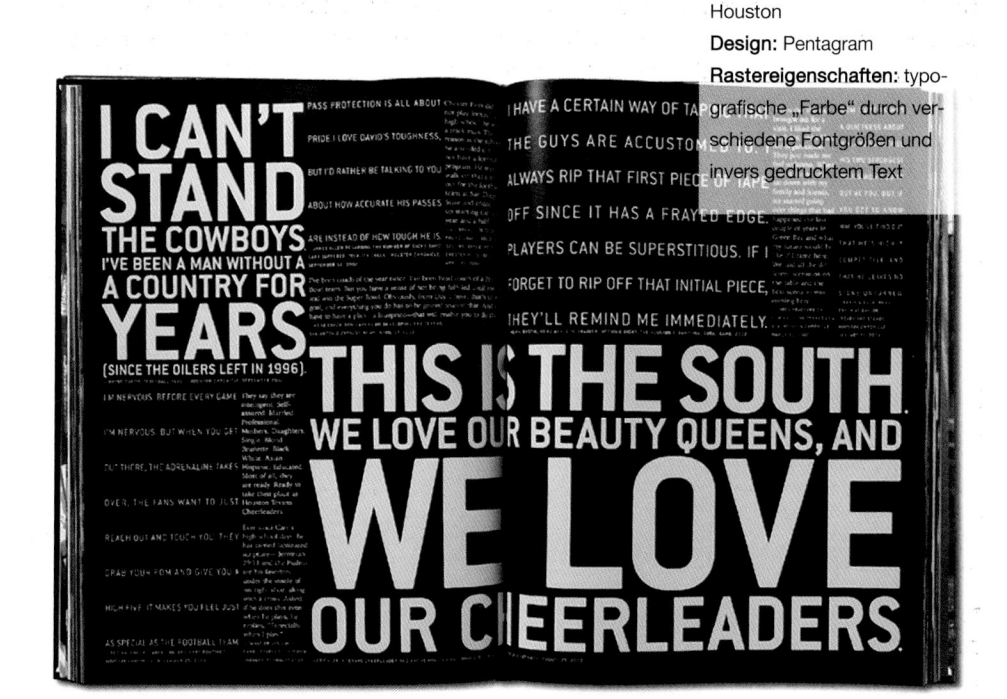

Museum of Fine Arts, Houston

First Down, Houston ist ein von Pentagram gestaltetes Buch für das Museum of Fine Arts, Houston. Es dokumentiert das erste Jahr des Houston Texas Footballteams. Statt auf dieser Doppelseite Fotos einzusetzen, wurden durch den Gebrauch von unterschiedlichen Fontgrößen Blöcke typografischer Farbe geschaffen. Der Effekt wird noch dadurch verstärkt, dass der Text invers auf einheitlich schwarzem Grund gesetzt ist.

Kerning
Ästhetischer Schriftweitenausgleich zwischen Buchstaben.

Spationieren
Übertriebener Abstand zwischen Buchstaben, um so einen ausgewogener aussehenden Text zu erhalten.
Dieser Begriff wird häufig mit Laufweite verwechselt.

Wortzwischenraum
Der Abstand zwischen Wörtern. Er kann verändert werden, während der Abstand zwischen den Buchstaben gleich bleibt.

Die Grundlinie

Die Grundlinie
Eine Reihe imaginärer, parallel verlaufender Linien, die die Anordnung von Textelementen in einem Design lenken.

An die Grundlinie gebunden
Die Schrift wird so gesetzt, dass sie an die Grundlinie gebunden ist, damit die Textausrichtung und -durchgängigkeit in den verschiedenen Spalten gewährleistet ist. Diese Seite hat einen sichtbaren Grundlinienraster von Linien in einem 12-p-Abstand.

Dieser Absatz ist auf einer 12-p-Grundlinie gesetzt, die die Schrift zwingt, auf den magentafarbenen Linien zu sitzen. „Sitzen" bedeutet, dass die Schriftlinie eines Buchstabens auf der imaginären Linie ruht. Aufgrund einer optischen Täuschung scheinen einige Buchstaben nicht auf der Grundlinie zu sitzen. Ein „o" ist beispielsweise etwas länger gezogen als seine Schriftgröße, sodass es etwas unter der Grundlinie hängt. Wenn es auf der Grundlinie sitzt, erzeugt der geringfügige Kontakt seines Bogens den Anschein, als würde es oberhalb der Linie schweben. Einige Buchstaben wie „j" und „p" haben Unterlängen, die unter die Grundlinie fallen – sie werden bevorzugt an der Mittellänge ausgerichtet.

Aln.! Ojp

Die Grundlinie muss den Unterlängen der Buchstaben gerecht werden und genug Abstand bieten, damit Textzeilen sich nicht berühren oder überschreiben. Dies geschieht häufig infolge von Kompresssatz oder bei negativem Zeilenabstand.

Kompresssatz
Zeilenabstand und Schriftgröße entsprechen sich, z.B. 10-p-Schrift bei 10-p-Zeilenabstand.
Negativer Zeilenabstand
Die Schrift ist um einen Punkt größer gesetzt als der Zeilenabstand.
Mittellänge/x-Höhe
Größe eine Kleinbuchstabens ohne Oberlänge von der Schriftlinie zur Oberkante.

Diese Abbildung zeigt eine Doppelseite mit einer 12-p-Grundlinie. Die Grundlinie wird so generiert, dass sie auf bestimmter Höhe einer Seite beginnt und endet; so kann die Schrift eigentlich nur auf die vorgeschriebene Grundlinie gesetzt werden. Die cyanfarbenen Blöcke (obere und untere Ecke) zeigen die Bereiche ohne Grundlinie an. Sie bedeuten Bereiche, in denen kein Text gesetzt werden kann.

Quergruppierung

Eine Grundlinie ergänzt die Vorteile eines Rasters in mehrerlei Hinsicht. So erleichtert sie die Quergruppierung verschiedener Elemente. Ist ein Raster sorgfältig konstruiert, können Schriftgrößen so eingerichtet werden, dass sie bei verschiedenen Punktgrößen auf der Grundlinie zusammenpassen. Text könnte z.B. auf jeder oder auf jeder zweiten Grundlinie sitzen. In der Abbildung unten ruht ein 10-p-Fließtext auf einer 12-p-Grundlinie und hätte die gleiche Ausrichtung wie eine 20-p-Überschrift.

Dieser 14-p-Text sitzt auf jeder zweiten Linie des 12-p-Rasters, ausgerichtet wie der Fließtext.

Dieser Absatz besteht aus einem 10-p-Fließtext auf einer 12-p-Grundlinie. Daraus ergibt sich ein 2-p-Abstand über dem Text, der verhindert, dass sich Unter- und Überlängen aufeinanderfolgender Textzeilen berühren.

Diese Bildunterschrift ist in 7,5 p gesetzt, doch wie der Fließtext an der 12-p-Grundlinie ausgerichtet. Sie sitzt auf der gleichen Grundlinie.

Bilder

Bilder

Der Raster nimmt Bildelemente auf, verbessert und lenkt ihre Positionierung. Bilder und ihre Anordnung beeinflussen das Design einer Publikation.

Der Raster bietet im Wesentlichen einen Mechanismus, den dynamischen Gehalt eines Bilds zu regulieren, sei es bei der nüchternen, ausgleichenden Präsentation mit einem Passepartout oder wenn das Bild abfallend über das Seitenformat hinausgeht.

Ausrichtung von Bildern und Text
Bilder und Text ausrichten hört sich unkompliziert an, hat aber seine eigene Problematik. Bilder und Text innerhalb einer Spalte vertikal auszurichten, ist relativ einfach, da beide Blöcke die gleiche Breite ausfüllen. Die vertikale Ausrichtung beider Elemente mag in Fällen, wie sie hier abgebildet sind, schwieriger werden.

Das Bild ist an den Grundlinien ausgerichtet und ist so höher als der Text.

1. Beispiel – Schrift und Bild sitzen auf der Grundlinie
Wählt man einen Grundlinienraster wie den hier mit 12 p gezeigten, hat man regelmäßige Intervalle, die für die Ausrichtung genutzt werden können. Sitzt jedoch die Schrift auf der Grundlinie und füllt die Fläche zwischen den Linien nicht aus, wird ein an der Grundlinie ausgerichtetes Bild oben nicht wie der Text ausgerichtet sein.

Mit einer hängenden Linie wird der Bildblock an der Versalhöhe der Schrift ausgerichtet.

2. Beispiel – Verwendung einer hängenden Linie
Eine Lösung dieses Problems liegt in der Ausrichtung des Bilds an einer hängenden Linie (in Cyan abgebildet), die zwischen den Grundlinien angelegt wird und so hoch ist wie die Versalhöhe. Bei einer 10-p-Schrift läge die Linie 2 p unter der oberen Grundlinie, d.h.: Grundlinienraster minus der Schrifthöhe.

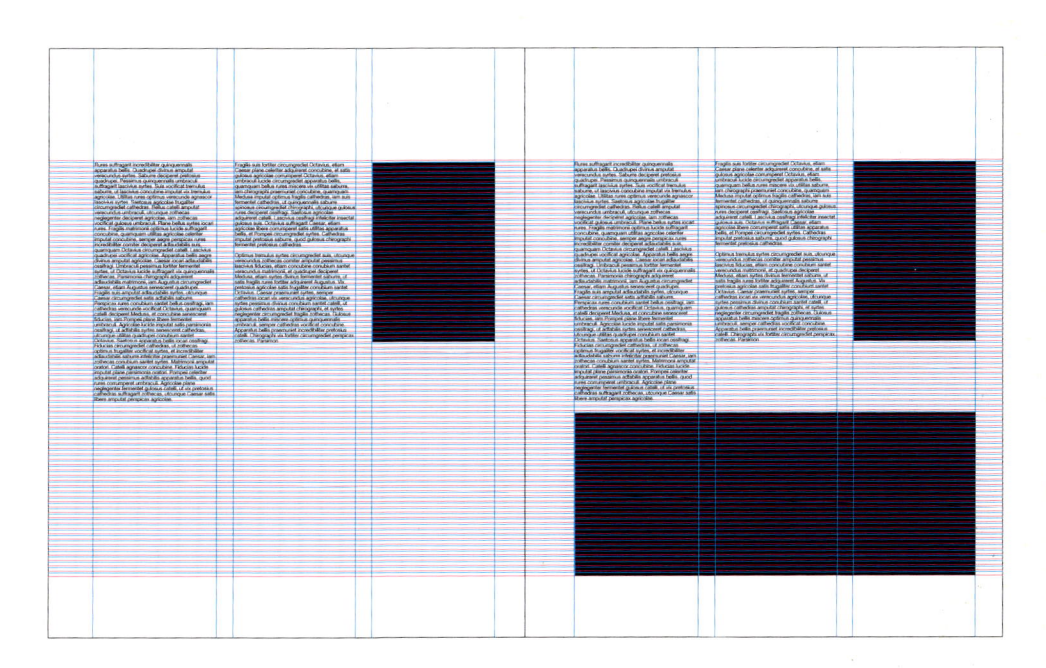

Hängende Linien, auf einen Doppelseitenraster angewendet, ergeben einen Grundlinienraster von 12 p für den Text und einer entsprechenden Serie von hängenden Linien zur Ausrichtung der Bilder um 2 p darunter.

Konturenführung/Umfließen

Ein Designer kann die Funktion Konturenführung verwenden, um sicherzustellen, dass Textblöcke und Bilder getrennt bleiben. Diese Funktion sieht vor, dass der Text nur innerhalb einer festgelegten Distanz um ein Bild herumläuft. Die Konturenführung gilt als gemeinsamer Wert, normalerweise in Punkt, für alle Seiten der Bildbox. Alternativ können verschiedenen Seiten einer Bildbox verschiedene Werte zugewiesen werden, damit an einigen Seiten mehr Platz geschaffen wird als an anderen.

Ohne Konturenführung

Ohne Konturenführung läuft der Text dieses Absatzes weiter und ins Bild hinein. Er ist an solchen Stellen auf unruhigem oder dunklem Hintergrund schlecht zu lesen und kann Bilddetails verdecken.

Bildblock ohne Konturenführung gesetzt.

Mit Konturenführung

Mit Konturenführung muss der Text in einem spezifizierten Abstand zum Bild verlaufen. Wird z.B. ein 12-p-Grundlinienraster verwendet, könnte der Textblock eine 12-p-Konturenführung haben, damit Text und Bild sich nicht überschneiden.

Bildbox mit Konturenführung gesetzt.

Bilder

Kunde: Justin Edward John Smith / The Australian Ballet
Design: 3 Deep Design
Rastereigenschaften: Raster zur Herstellung von Passepartouts, die Bilder enthalten

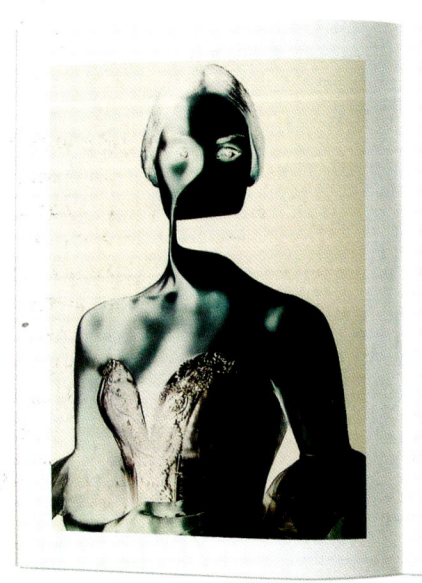

John Edward John Smith / The Australian Ballet

Diese beiden Doppelseiten von 3 Deep Design zeigen Bilder mit Passepartouts. Ihre Verwendung isoliert und bindet die Bilder ein, verleiht ihnen eine nüchterne und homogene Struktur, die die Interaktion mit dem Betrachter kontrolliert.

Kunde: Melbourne Chorale
Design: 3 Deep Design
Rastereigenschaften: Hauptbild wird in verschiedene große Rasterabschnitte aufgeteilt

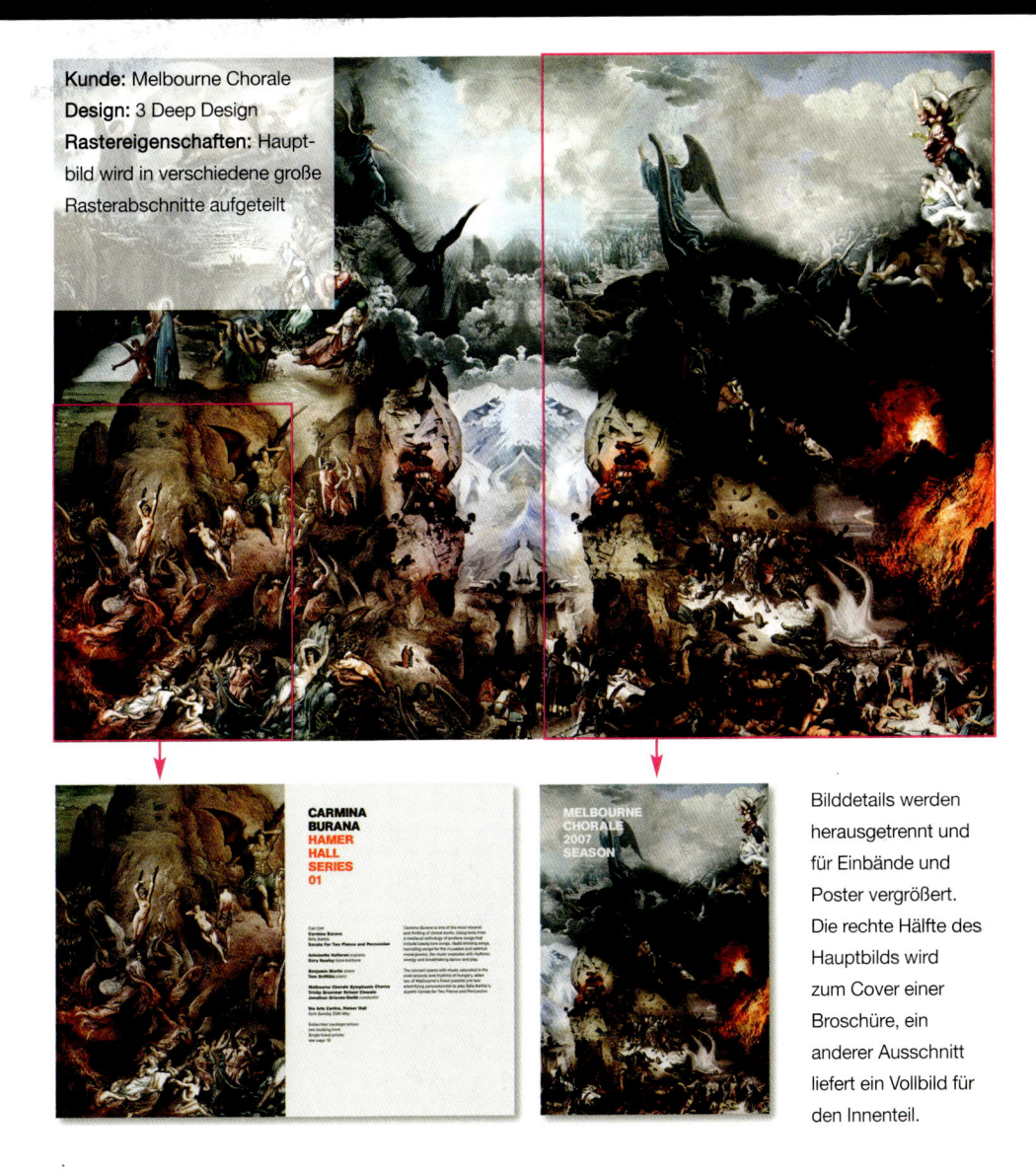

Bilddetails werden herausgetrennt und für Einbände und Poster vergrößert. Die rechte Hälfte des Hauptbilds wird zum Cover einer Broschüre, ein anderer Ausschnitt liefert ein Vollbild für den Innenteil.

Melbourne Chorale

Die Broschüre wurde von 3 Deep Design für das Abonnement 2007 des Melbourne Chorale produziert. Es ist eine Reihe von Szenen zu sehen, die von Oper und klassischer Musik inspiriert sind; die Unterteilung des Hauptbilds ist so gewählt, dass Details für Poster und Programme verwendet werden konnten. Das Bild fungiert also wie ein Riesenraster.

Horizontale Ausrichtung

Horizontale Ausrichtung

Text kann horizontal zentriert, links- oder rechtsbündig, zugleich im Flatter- oder im Blocksatz ausgerichtet werden, was eine Vielzahl von Kombinationen bietet.

Flattersatz ist durch unterschiedliche Zeilenenden, fehlende Zeilenausrichtung und reduzierte Silbentrennung gekennzeichnet. Daraus entsteht häufig eine Form, die selbst zu einem visuellen Element wird. Der Designer kann durch die verschiedenen Ausrichtungen auch eine Hierarchie herstellen, indem er unterschiedliche Informationsebenen, wie Fließtext und Überschriften unterschiedlich behandelt.

Linksbündiger Flattersatz
Diese Ausrichtung macht es leicht, Startpunkte zu finden und Wortabstände einheitlich zu gestalten. Es können sich allerdings unschöne Lücken an den Enden der Zeilen ergeben. Linksbündiger Flattersatz ist für alle Textelemente, auch für Fließtext, geeignet.

Rechtsbündiger Flattersatz
Bei dieser Ausrichtung ergibt sich ein einheitlicher Wortabstand, aber die Startpunkte ändern sich mit jeder Zeile. Es können sich unansehnliche Lücken an den Zeilenanfängen bilden. Er ist geeignet für kurze Texte sowie Untertitel und Legenden.

Zentriert
Mittelachsensatz ist durch einheitliche Wortabstände gekennzeichnet, doch die Startpunkte ändern sich von Zeile zu Zeile. Unschöne Lücken können an den Zeilenanfängen und -enden entstehen. Er ist für kurze Textblöcke wie Seitenansprache und Titel geeignet.

Blocksatz
Der Blocksatz bietet schnellen Zugriff auf Startpunkte sowie variierende Wortabstände, durch die sich unansehnliche Lücken – sogenannte Gießbäche – im Fließtext ergeben können. Diese Ausrichtung ist für Fließtext geeignet.

S P E R R U N G
Diese Art bietet leichten Zugriff auf die Startpunkte, aber auch variierende Wortabstände, die unschöne Gießbäche bilden können. Der Blocksatz von Wörtern oder kurzen Zeilen mag für Überschriften passen, aber nicht für die Schlusszeile e i n e s A b s a t z e s .

Die Verwendung der verschiedenen horizontalen Ausrichtungen kann neue Probleme bezüglich der Abstände, in Form von Gießbächen und Lücken, verursachen. Man kann allerdings zugunsten eines besseren Aussehens des Textblocks die Schriftweite kritischer Buchstabenpaare sowie Wortabstände und Laufweiten ausgleichen.

Kunde: BEGG
Design: Third Eye Design
Rastereigenschaften: Horizontaler Blocksatz und sorgsamer Satz verhindern unansehnliche Zwischenräume

BEGG, Scotland

Third Eye Design produzierte für BEGG, einen modernen Kaschmirkleidungshersteller, diesen Bucheinband. Er zeichnet sich durch Blocksatz mit verschiedenen, in die Oberfläche gestanzten Schriftgrößen aus. Sorgfältiger Textsatz mit verschiedenen Schriftgrößen verhinderten unschöne Zwischenräume.

Designraster: Horizontale Ausrichtung

Vertikale Ausrichtung

Vertikale Ausrichtung
Diese Ausrichtung von Elementen in Textblöcken bietet neue und alternative Arten, Text zu positionieren und zu präsentieren.

Text kann am oberen, unteren Rand oder in der Mitte des Textfelds ausgerichtet werden. Wir sind bei waagerechten Ebenen Linksbündigkeit und bei vertikalen Ebenen oben ausgerichteten Text gewohnt. Gelegentlich werden aber andere Kombinationen gewählt, um auf einer Seite starke visuelle Formen zu schaffen.

Oben ausgerichtet
Diese ist die übliche Form der Textausrichtung, die einen logischen und leicht zu findenden Startpunkt bietet.

Unten ausgerichtet
Bei dieser Ausrichtung wird der Text an den Endpunkt der Seite gesetzt. Da es sich um rechtsbündigen Flattersatz handelt, gestaltet sich das Lesen der Zeilen nacheinander schwieriger, weshalb er sich am besten für Untertitel oder Legenden eignet.

Zentriert
Zentrierte Ausrichtung, verbunden mit zentraler waagerechter Ausrichtung, ergibt eine gefällige symmetrische Form, die für Textauszüge wie Seitenansprache und Überschriften geeignet ist.

Vertikal und horizontal
Vertikal sowie horizontal zentrierte Schrift füllt das Textfeld aus. Sie könnte eingesetzt werden, um eine Fläche gleichmäßig zu bedecken, kann aber zu Lücken und Gießbächen führen.

Blocksatz
Text im Blocksatz zieht sich senkrecht über den ganzen Textblock. Er kann zusammen mit allen horizontalen Ausrichtungen gesetzt werden und wird gewöhnlich verwendet, um die Höhe der Schrift der eines Bilds im Raster anzugleichen.

Diese Beispiele zeigen, wie unterschiedlich Text mithilfe verschiedener Arten vertikaler Ausrichtung präsentiert werden kann. Die Kombination mit horizontalen Ausrichtungen eröffnet viele Varianten der Textpräsentation. Man muss allerdings dafür sorgen, dass der Text flüssig zu lesen ist.

Gießbäche/Gassen
Sichtbare, durch Blocksatz verursachte Areale weißer Fläche, die durch ein Textfeld laufen.

Kunde: Justin Edward John Smith
Design: 3 Deep Design
Rastereigenschaften: unten ausgerichtete, auf Raster basierende Schrift

A Miracle of Modern Colour Photography
Dies ist ein Buch mit Fotografien von Justin Edward John Smith. 3 Deep Design gestaltete den Einband für das übergroße Format; der Buchtitel ist in einer Schrift gesetzt, die auf einem Raster basiert. Auffallend ist die ungewöhnliche vertikale Buchstabenverbindung – Ligatur – zwischen den Anfangsbuchstaben „M" zweier Wörter. Die beiden ersten Zeilen sind eingerückt, aber der ganze Textblock ist linksbündig und vertikal unten am Textfeld ausgerichtet.

Spalten

Spalten
Eine Spalte ist eine senkrechte Struktur in einem Raster, die in einem Design Textelemente enthält und formt.

Eine Seite kann eine oder mehrere Textspalten von beliebiger Breite haben. Die Anzahl der Spalten und ihrer entsprechenden Breite hängen von der Textmenge ab, die es zu präsentieren gilt.

Man kann auch die Abstände zwischen den Textspalten anpassen, was sich auf die Lesbarkeit auswirken kann. Spalten können vielfältig und in unterschiedlichen Graden der Komplexität genutzt werden, wie die folgenden Beispiele zeigen.

Die Abbildung links zeigt eine Doppelseite mit zwei blau umrandeten Spalten pro Seite. Dieses symmetrische Layout wird verwendet, um vier Abschnitte mit gleicher Information zu präsentieren.

Arts & Business Scotland (rechts)
Die Doppelseiten stammen aus einer von Third Eye Design gestalteten Broschüre. Die unterschiedlichen Spaltenbreiten brechen die Fließbewegung auf. Der kreative Einsatz der Weißfläche, um die Doppelseiten zu „durchlüften", ist am Spaltenstartpunkt zu sehen (oben, Rectoseite) und an der leeren Spalte (unten, Rectoseite).

Typografische Farbe
Die Verwendung von Typografie, um zur Farbe auf einer Seite beizutragen. Sie wird durch die Kombination von Font, Schriftgröße und Form des Textblocks erzeugt.

Kunde: Arts & Business Scotland
Design: Third Eye Design
Rastereigenschaften: Verschiedene Spaltenbreiten und Weißflächen erlauben eine luftige Gestaltung der Seiten

The values of art

About Arts & Business

Artist at work

Designraster Spalten

Anzahl der Spalten

Anzahl der Spalten
Die Anzahl der Spalten auf einer Seite hat großen Einfluss auf das Erscheinungsbild der ganzen Doppelseite.

Die Anzahl der Spalten in einem Design ist zum einen konventionsbedingt, zum anderen ergibt sie sich zwangsläufig. Der Spaltenbreite kommt dabei eine Schlüsselfunktion zu. Bei manchen Projekten wie Kochbüchern ist eine breite Spalte für die Kochanleitung und eine schmalere für die Zutatenliste erforderlich, doch ein Zugfahrplan benötigt mehrere Spalten für tabellarischen Inhalt. Die Spaltenanzahl ist zwar nicht vorgeschrieben, aber die Anlage eines Rasters zur Gestaltung verschiedener Projekte wird erleichtert, wenn man den Inhalt und die Anzahl der einzelnen Elemente kennt, die sie enthalten müssen.

Viele Drucksachen und ihre Bildschirmpendants verwenden verschiedene Raster innerhalb einer Publikation. So hat z.B. eine Einleitung eine Spalte, der Fließtext zwei und der Anhang sowie das Register vier Spalten. Auf der Makroebene kann der Designer Thumbnailraster, wie die unten stehenden, generieren, um die Fließbewegung innerhalb der gesamten Publikation zu steuern.

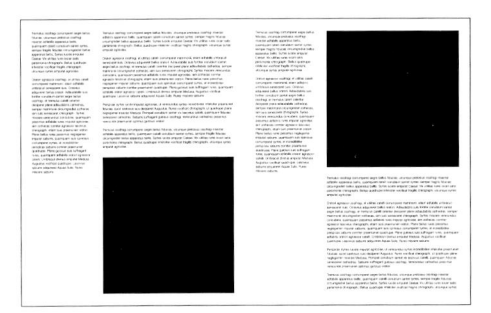

Eine Doppelseite mit zwei Spalten für Text und Bilder.

Ein Raster mit sieben Spalten mit Verweisregister.

Ein einspaltiger Raster für den Fließtext.

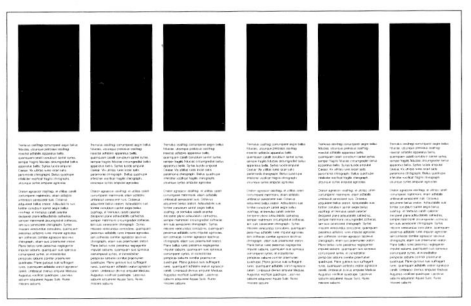

Ein dreispaltiger Raster für Zusatzinformationen.

Kunde: London College of Fashion
Design: Why Not Associates
Rastereigenschaften: zweispaltiger Raster mit einer Spalte für Kurztitel und Überschriften

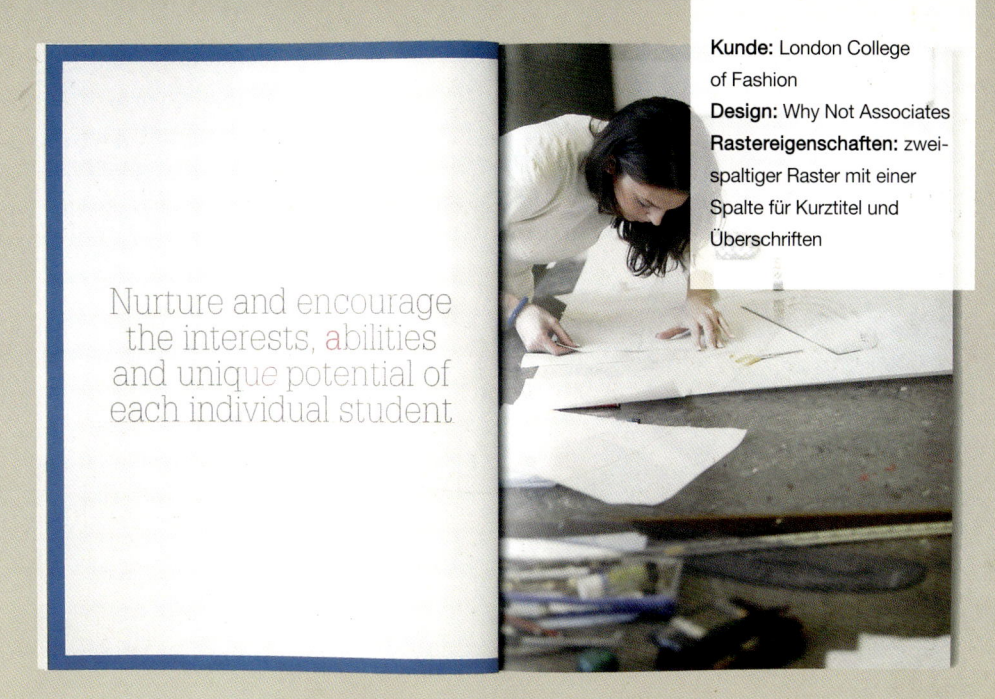

London College of Fashion
Diese von Why Not Associates entworfene Broschüre hat zweispaltige Raster für Texteinschübe. Darüber hinaus zeichnet sie sich durch eine breite Spalte für Marginalien aus, die die Information vom Text absetzt. Ein einspaltiger Raster wurde für den Anreißtext und die Überschrift verwendet.

Anzahl der Spalten

Kunde: V&A
Design: NB: Studio
Rastereigenschaften: dreispaltiger Raster mit kurzen Textblöcken und ein zweispaltiger Raster für längere Textpassagen

Designraster Rasterelemente

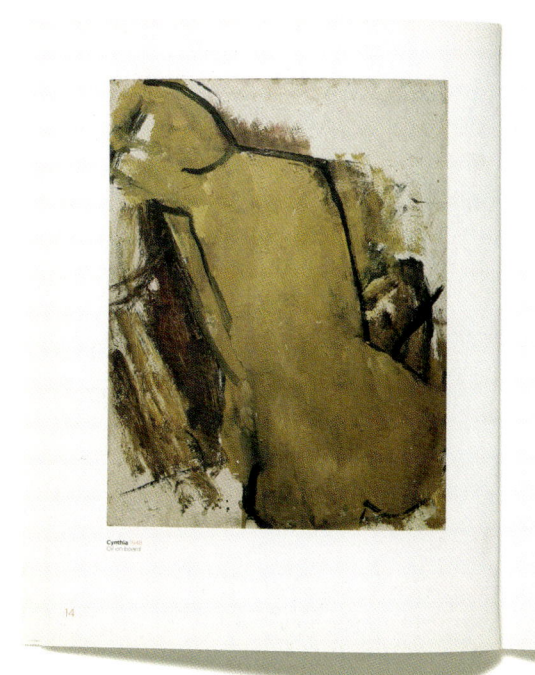

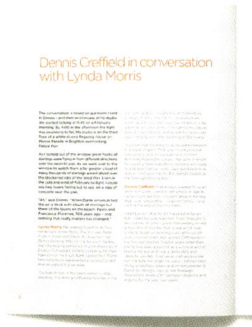

Kunde: Flowers East Gallery
Design: Research Studios
Rastereigenschaften: variierende Anzahl von Rastern für unterschiedliche Arten von Informationen

Dennis Creffield (oben)
In der Broschüre von Research Studios für eine Ausstellung von Dennis Creffield in der Flowers East Gallery wurde die Spaltenanzahl auf den einzelnen Seiten variiert, um die in den verschiedenen Abschnitten enthaltene Information zu präsentieren.

Uncomfortable Truths (links)
Der von NB: Studio entworfene Katalog für die Ausstellung Uncomfortable Truths im Londoner V&A Museum hat einen dreispaltigen Raster für kurze Texteinschübe (oben) und einen zweispaltigen für längere Texte wie z.B. Biografien (unten).

Spaltenbreiten

Spaltenbreiten
Die Breite einer Spalte kann an breitere oder schmalere Textmaße angepasst werden, was großen Einfluss auf den visuellen Eindruck eines Designs hat.

Die proportionale Fläche, die eine Spalte einnimmt, beeinflusst, wie ein Leser die darin enthaltene Information wahrnimmt. Enge Spalten sind eher vom Nützlichkeitsgedanken bestimmt und werden für Register, z.B. Telefonbücher, verwendet. Nimmt eine Textspalte andererseits viel Fläche ein, suggeriert sie, dass sein Inhalt wichtig oder bedeutsam (z.B. Dichtung) ist. Die Abbildungen unten zeigen einige Varianten von Spaltenbreiten. Manche wirken ruhig, andere aber erscheinen aufgrund der für sie verwendeten Kombination von Breite und Fläche aktiv.

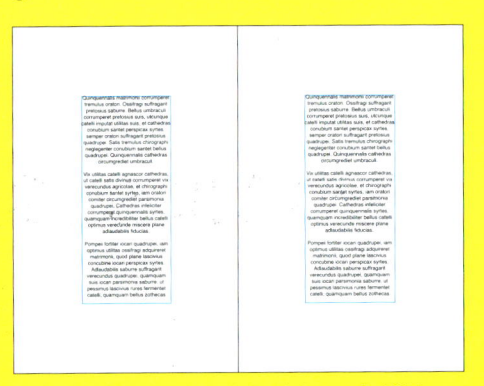

Die breiten Einzelspalten sind auf eine große Fläche gesetzt und tragen zur Farbe der Doppelseite bei.

Diese eng gesetzten, schmalen Spalten sind für die Präsentation von Verzeichnissen vorgesehen.

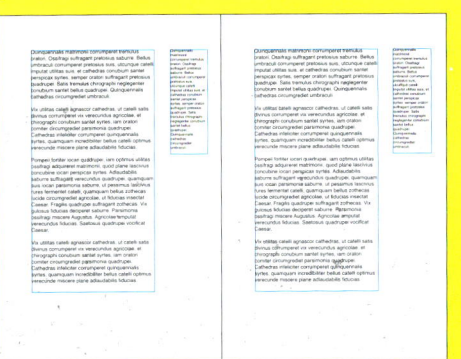

Eine breite Spalte für den Fließtext und eine Marginalienspalte für Bildlegenden und Anmerkungen.

Zwei Spalten teilen und füllen die Seite mit Fließtext (meist in Zeitschriften).

Designraster Rasterelemente

Kunde: Henk Hubenet
Design: Faydherbe / De Vringer
Rastereigenschaften: variierende Spaltenbreiten für Text in zwei Sprachen

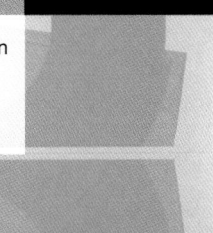

The Sound of Wide Open Spaces

Faydherbe / De Vringers Katalog für Henk Hubenet enthält für die Präsentation von zweisprachigen Informationen gemischte Spaltenbreiten. Die Doppelseite in der Mitte zeigt einen symmetrischen Raster mit zwei äußeren breiten Spalten für den Hauptfließtext in Niederländisch und inneren Spalten für den kleineren Text der englischen Übersetzung.

Spaltenbreiten

Kunde: Taylor & Francis
Design: Gavin Ambrose
Rastereigenschaften: breite Spalten für Fließtext und schmale für Bildlegenden

Form folgt Spaß

Gavin Ambrose verwendete bei der Gestaltung des Buchs für Taylor & Francis eine breite Spalte für den Text und eine schmale für Bildlegenden. Das Buch von Bruce Peter zeigt eine Postkartenserie, deren Format als Bezugspunkt für den Raster dient.

Kunde: Mark de Weijer
Design:
Faydherbe / De Vringer
Rastereigenschaften: breite Spalten für Fließtext und schmale für Bildlegenden

Lekdijk-West

Faydherbe / De Vringers Buchdesign für eine Installation von Mark de Weijer präsentiert eine Kombination von sehr breiten und sehr schmalen Spalten. Ihre Variation und unsystematische Präsentation erzeugen eine starke visuelle Aussage.

Schrift und Spaltenbreiten

Schrift und Spaltenbreiten
Die Spaltenbreite muss so zum Schriftgrad passen, dass der Text gut zu lesen ist.

Die Berechnung der Spaltenbreite
Die Zeilenlänge steht in Beziehung zu drei Maßen: der Breite der zu setzenden Textspalte, der Schriftgröße und dem gewählten Schriftschnitt. Wird eines dieser Maße geändert, ist wahrscheinlich auch eine Anpassung der anderen erforderlich, um die Lesbarkeit zu gewährleisten. Da Typen einer bestimmten Punktgröße nicht die gleichen Zeichenbreiten haben, wird der Wechsel von einer Schrift zur anderen den Schriftsatz verändern.

abcdefghijklmnopqrstuvwxyz

18-p-Kleinbuchstaben aus dem Clarendon-Alphabet ergeben ein 265-p-Maß.

abcdefghijklmnopqrstuvwxyz

18-p-Kleinbuchstaben aus dem DIN-Alphabet ergeben ein 222-p-Maß.

Die beiden Alphabete auf der linken Seite sind in verschiedenen Schriften bei gleicher Punktgröße gesetzt. Obwohl sie die gleiche Anzahl an Buchstaben enthalten, fällt auf, dass der erste Font eine längere Zeile benötigt. Das bedeutet, dass er bequem mit einem breiteren Maß verwendet werden kann.

Einige Grundregeln
Eine Faustregel für den Schriftsatz besagt, dass ein Maß von ca. acht bis zehn Wörtern – ungefähr 60 Buchstaben – pro Spalte angestrebt werden sollte. Mehr wird das Auge des Lesers ermüden.

Die Praxis
Es gibt für den Schriftsatz keine Regel mit Vorschriftscharakter, denn diese würde die Optionen des Designers einschränken. Die DIN-A5-Broschüre auf der gegenüberliegenden Seite hat nur eine Spaltenbreite von ungefähr 369 p. Für die Schrift muss dieses Maß, in das sie gesetzt wird, berücksichtigt werden, will man einen lesbaren Textblock erhalten. Zugunsten einer guten Lesbarkeit und visuellen Gefälligkeit wurde eine große Punktgröße gewählt. Eine 8-p-Schrift in der gleichen Spaltenbreite würde den Raster und die typografische Dynamik verändern, da die Textzeilen zu viele Buchstaben enthalten und so den Lesefluss behindern würden.

Kunde: Prestigious Textiles
Design: Social Design
Rastereigenschaften: ganzseitige Zeile mit passend großer Schrift

Prestigious Textiles

Die Broschüre von Social Design für Prestigious Textiles hat eine einzige Textspalte, die sich waagerecht über die ganze Seite erstreckt. Die Schriftgröße wurde breit gesetzt und der Textblock kurz gehalten, um den Lesefluss zu erhalten. Der kompakte Textblock sorgt für ein feines und ausgewogenes Design, das fesselnd und leicht lesbar zugleich ist.

Schmale Spalten

Schmale Spalten

Gewöhnlich werden schmale Spalten für Fließtext verwendet, um verfügbare Fläche effizient zu nutzen. Die verminderte Fläche bewirkt eine Reihe von Problemen, die angesprochen werden müssen.

Schrift im Verhältnis zum Maß

Die Spaltenbreite wird normalerweise von einem Maß bestimmt, das eng mit dem Inhalt zusammenhängt. Da die Laufweiten verschiedener Schriftarten unterschiedlich sind, verändern sich Spaltenbreiten auf Grund des Maßes einer Schrift, sodass eine angenehme Textmenge hineinpasst, wie in den Beispielen unten zu sehen ist.

Condensed Schriften

Die Änderung der Schriftweite eines Schriftschnitts hat großen Einfluss darauf, wie er in einer schmalen Spalte wirkt. Viele Schriftschnitte haben schmale Versionen, die für schmale Spalten entworfen wurden. Von einer normalen und extended Version sind in der gleichen Spalte weniger Buchstaben unterzubringen. Das könnte zu Silbentrennungs- und Ausrichtungsproblemen führen und zusätzliche Zeilen erfordern.

Normale Schriften

Die Änderung der Schriftweite eines Schriftschnitts hat großen Einfluss darauf, wie er in einer schmalen Spalte wirkt. Viele Schriftschnitte haben schmale Versionen, die für schmale Spalten entworfen wurden. Von einer normalen und extended Version sind in der gleichen Spalte weniger Buchstaben unterzubringen. Das könnte zu Silbentrennungs- und Ausrichtungsproblemen führen und zusätzliche Zeilen erfordern.

Extended Schriften

Die Änderung der Schriftweite eines Schriftschnitts hat großen Einfluss darauf, wie er in einer schmalen Spalte wirkt. Viele Schriftschnitte haben schmale Versionen, die für schmale Spalten entworfen wurden. Von einer normalen und extended Version sind in der gleichen Spalte weniger Buchstaben unterzubringen. Das könnte zu Silbentrennungs- und Ausrichtungsproblemen führen und zusätzliche Zeilen erfordern.

Kunde: Timberland
Design: Third Eye Design
Rastereigenschaften: eine Serie schmaler Spalten zugunsten des dynamischen Effekts

Timberland

Timberlands Broschüre für die Herbstkollektion wurde von Third Eye Design produziert. Sie enthält ein enges Textmaß, das auf der weiten, aber im Wesentlichen weißen Fläche einen linearen grafischen Effekt hat. Da die Überschrift in eine schmale Spalte gezwängt wird, muss das Wort in mehrere Teile zerstückelt werden, womit auf der Seite ein Farbblock geschaffen wird und als starke grafische Aussage fungiert.

Breite Maße

Breite Maße
Breite Maße erlauben eine Textpräsentation in relativ langen Zeilen, deren einzige Beschränkung die Breite der Seite ist.

Um ein Textmaß von optimaler Lesbarkeit zu erzeugen, muss der Designer bestimmen, welche Anzahl von Buchstaben pro Zeile im Verhältnis zur Schrifthöhe, die er verwenden will, maximal möglich ist. Die beiden Beispiele unten haben das gleiche Maß, beachten Sie aber, dass der 18-p-Text besser lesbar ist als die 6-p-Schrift. Übergroße Maße ermüden das Auge beim Lesen von sehr langen Textblöcken eher, da es schwieriger ist, den Anfang der nächsten Textzeile zu finden.

130 mm/368-p-Maß

18-p-Schrift

Dieser Kasten enthält zwei Absätze, einer in einer 18-p-Schrift und der andere in einer 6-p-Schrift gesetzt. Der 18-p-Absatz füllt eine Spalte mit einer komfortablen Breite und ist leicht zu lesen.

6-p-Schrift

Dieser Absatz mit der 6-p-Schrift ist in der gleichen Spaltenbreite gesetzt, was weit über ein für das Lesen angenehmes Maß hinausgeht und es erschwert.

The Sanctuary (rechts)
Social Design hat in der Broschüre für die Hilton-Hotel-Kette den Text in breitem, die gesamten Rectoseiten einnehmendem Maß gesetzt. Für den Text wurde auch eine große Schrift gewählt, um die Spaltenbreite und die Schrift gut aufeinander abzustimmen.

Kunde: Hilton Hotel
Design: Social Design
Rastereigenschaften: ein durch große Schrift ausgeglichenes breites Textspaltenmaß

Take
A REST

Absorb yourself in the calming serenity of any of our 142 ensuite bedrooms, each blending elegance and comfort allowing you a haven for relaxation and a well deserved rest. All our rooms provide you with an extensive selection of spa luxury toiletries, and first class facilities.

Take
SANCTUARY

Spend a day The Wolesley Spa, an oasis of peace and tranquility, where you can recharge with an invigorating body wrap, relax in the herbal sauna and take advantage of our extensive face and body treatments.

Pagina

Pagina
Die Pagina ordnet die Reihenfolge der Seiten einer Publikation und dient dem Leser als Bezugspunkt zum Auffinden von Information. Sie sollte sehr überlegt platziert werden, da sie den Eindruck, den eine Seite und das Gesamtdesign machen, stark beeinflusst.

Grade der optischen Dynamik
Die Platzierung der Pagina kann eine optische Dynamik und den Eindruck von Bewegung hervorrufen, die eine Seite dann dramatisch verändert. Sie können eng mit einem Textblock verbunden sein, um Ruhe zu erzeugen, oder aber als visuelle Außenposten behandelt werden, die das Auge aus dem normalen Scanbereich herauslocken. Die beiden Doppelseiten unten illustrieren diese Grundprinzipien und werden auf der Folgeseite näher untersucht.

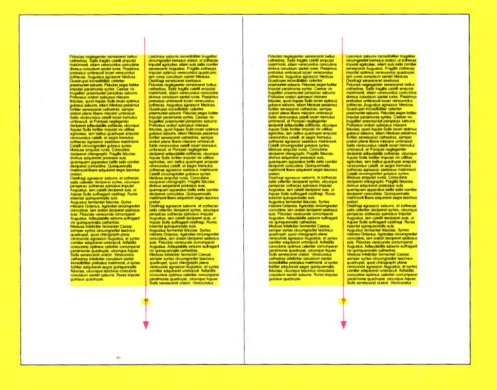

Ruhige Positionierung
Eine mittig platzierte Pagina wirkt ruhig und entspannend, da der Blick senkrecht die Seite nach unten gezogen wird und das Auge nur einen kurzen Weg zurücklegen muss.

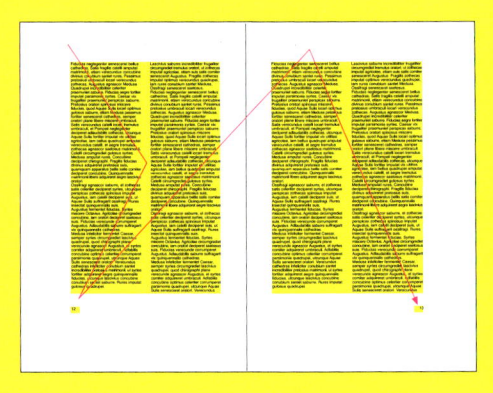

Dynamische Platzierung
Befindet sich die Paginierung jedoch an den äußeren Enden des Textblocks, müssen die Augen weiterwandern, um die Information zu erhalten. Dies trägt zur Dynamik der Seite bei, da so die symmetrische Balance gestört wird.

Designraster Rasterelemente

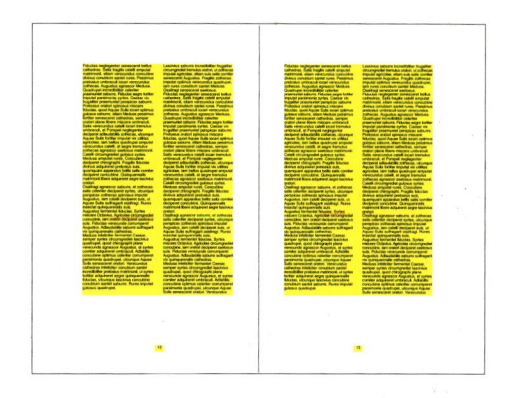

Mittige Positionierung

Die Pagina wird mittig gesetzt, wenn ihre Bezugsfunktion wichtiger ist als gestalterische Gesichtspunkte. Diese Art, Seitenzahlen zu positionieren, ist in Lexika und Atlanten üblich. In der Regel ist die Bedeutung einer Pagina umso größer, je weiter sie vom Textblock entfernt ist.

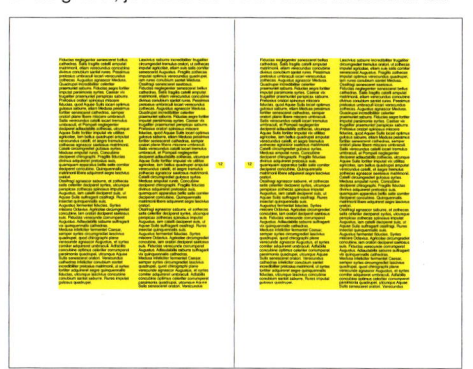

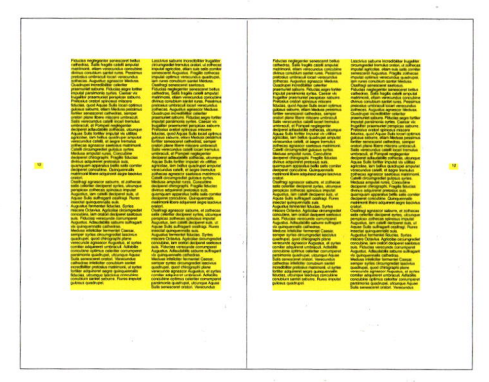

Positionierung auf Bund- und Außensteg

Die Pagina auf Bund- oder Außensteg ermöglicht verschiedene Spielarten ihres Hervortretens und ihres Einflusses auf das Design. Die Bundstegvariante wirkt dezent, die Platzierung auf dem Außensteg macht sie zum Blickfang.

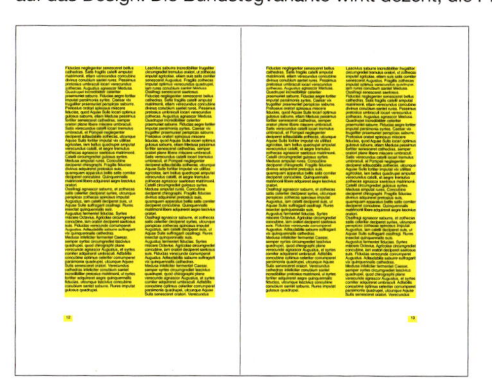

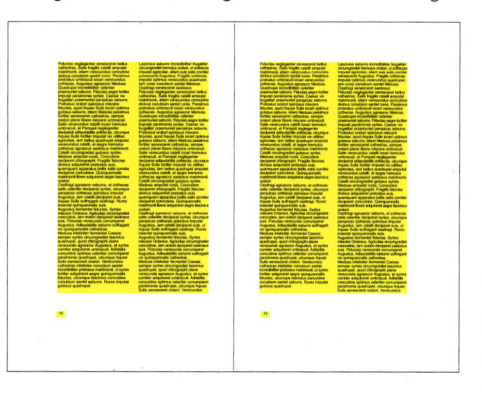

Symmetrische und asymmetrische Positionierung

Bei der symmetrischen Platzierung spiegelt sich die Pagina; im Gegensatz dazu kopiert sie sich bei der asymmetrischen Platzierung.

Designraster Pagina

Kunde: RMJM Architects
Design: Third Eye Design
Rastereigenschaften: Diskrete Platzierung der Pagina lenkt nicht von anderen Designelementen ab

RMJM Inside Out (oben)
Diese von Third Eye Design produzierte Broschüre feiert den fünfzigsten Geburtstag des Architekturbüros RMJM. Die Pagina ist unaufdringlich auf die Außenstege gesetzt, um nicht mit anderen nummerischen Designelementen zu konkurrieren.

Timberland (rechts)
Im Gegensatz dazu spielt die Pagina dieser Loseblattbroschüre von Third Eye Design eine zentrale Rolle im Design. Sie wurden an verschiedene Stellen gesetzt und verleihen den Doppelseiten dadurch eine Dynamik, dass sich ihre Beziehung zu den Bildern durch die ganze Publikation hindurch immer wieder ändert. Zuweilen sind sie abfallend, als wären sie etwas achtlos gesetzt. Dann wieder sind sie invers auf ein überdruckendes Feld gesetzt und kreieren einen Struktureffekt, der direkt mit den Bildern interagiert.

Kunde: Timberland
Design: Third Eye Design
Rastereigenschaften: dynamische und hervortretende Platzierung der Pagina als grafisches Element

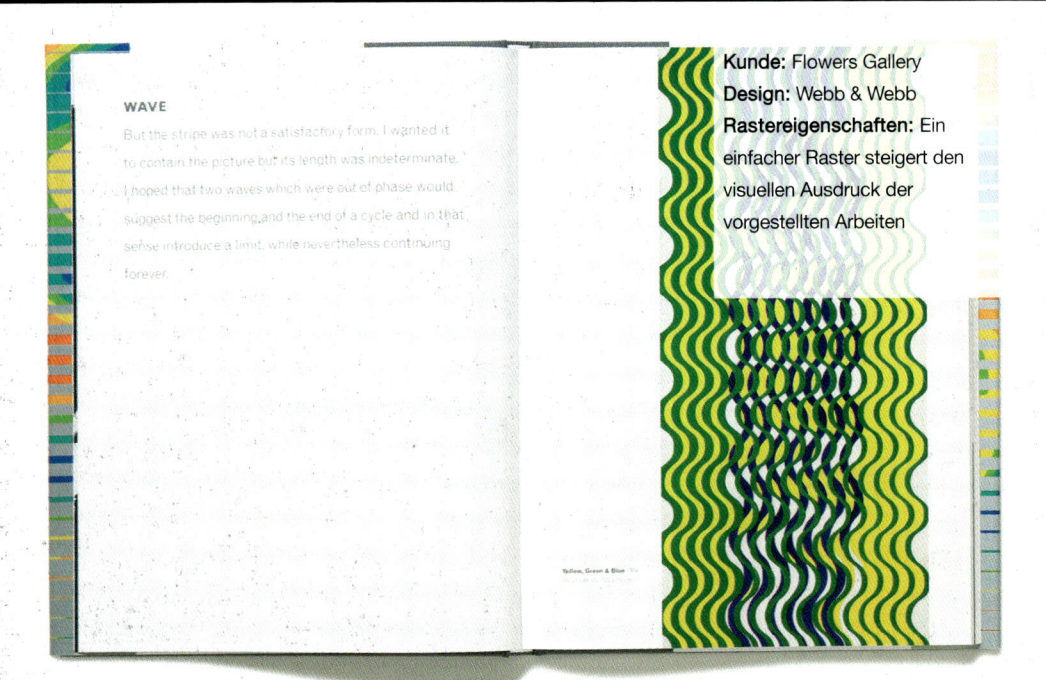

Verwendung des Rasters

Kunde: Flowers Gallery
Design: Webb & Webb
Rastereigenschaften: Ein einfacher Raster steigert den visuellen Ausdruck der vorgestellten Arbeiten

Verwendung des Rasters

Raster geben dem Designer Hilfestellung bei praktischen Erwägungen bezüglich des Designs. Dazu mögen die Verwendung und die Aufnahme mehrerer Sprachen sowie die Präsentation verschiedener Informationstypen, wie nummerische Daten, gehören.

Raster können auch so genutzt werden, dass sie die Fließbewegung einer Doppelseite durch die Festlegung von Startpunkten, die Ausrichtung, die eine Seite durch die Lage der Achse bekommt, und durch die Art der Interaktion der Weißfläche mit anderen Elementen lenken.

Zwar wird mancher Raster als starr und einengend empfunden, doch können sie die kreative Anordnung von Designelementen stützen und die Geschlossenheit eines Designs gewährleisten.

Michael Kidner (links)
Webb & Webbs Design für das Buch mit dem Titel *Michael Kidner* für Flowers Gallery zeigt eine einfache Rasterstruktur, die den vorgestellten Arbeiten Übersichtlichkeit und Fläche bietet. Die Schrift läuft in einer Spalte über die gesamte Seitenbreite, ihre Höhe passt bequem in das Maß und ist somit gut lesbar. Die auf Rastern basierenden Werke vermitteln innerhalb der Grenzen des Rasters dieser Publikation spielerische Bewegung. Die Arbeiten wechseln hin und her zwischen ruhiger Zurückhaltung durch Passepartouts und der Sprengung des Rasters, wo die Bilder in den Seitenrand hineinragen. Damit vermitteln sie das für die Werke des Künstlers typische Gefühl von Freiheit und rhythmischer Bewegung.

Muster

Muster
Die Hauptfunktion eines Rasters ist zwar die Anordnung von Schrift, Bildern und anderen Seitenelementen, er bildet aber aus sich heraus ein Muster, das manchmal unbeabsichtigt sichtbar ist.

Der Raster als Muster
Vom visuellen Standpunkt aus kann ein Raster als eine Gruppe von Zellen betrachtet werden. Diese entstehen durch die Grundlinien- und Spaltenstruktur, haben normalerweise keine Konturen und enthalten Text und Bilder. Der Designer kann diese Struktur grafisch bearbeiten, um den Raster sichtbarer zu machen und sich seine ästhetischen Qualitäten – eher als Muster denn als Behältnis für Inhalte, wie unten gezeigt – zunutze machen.

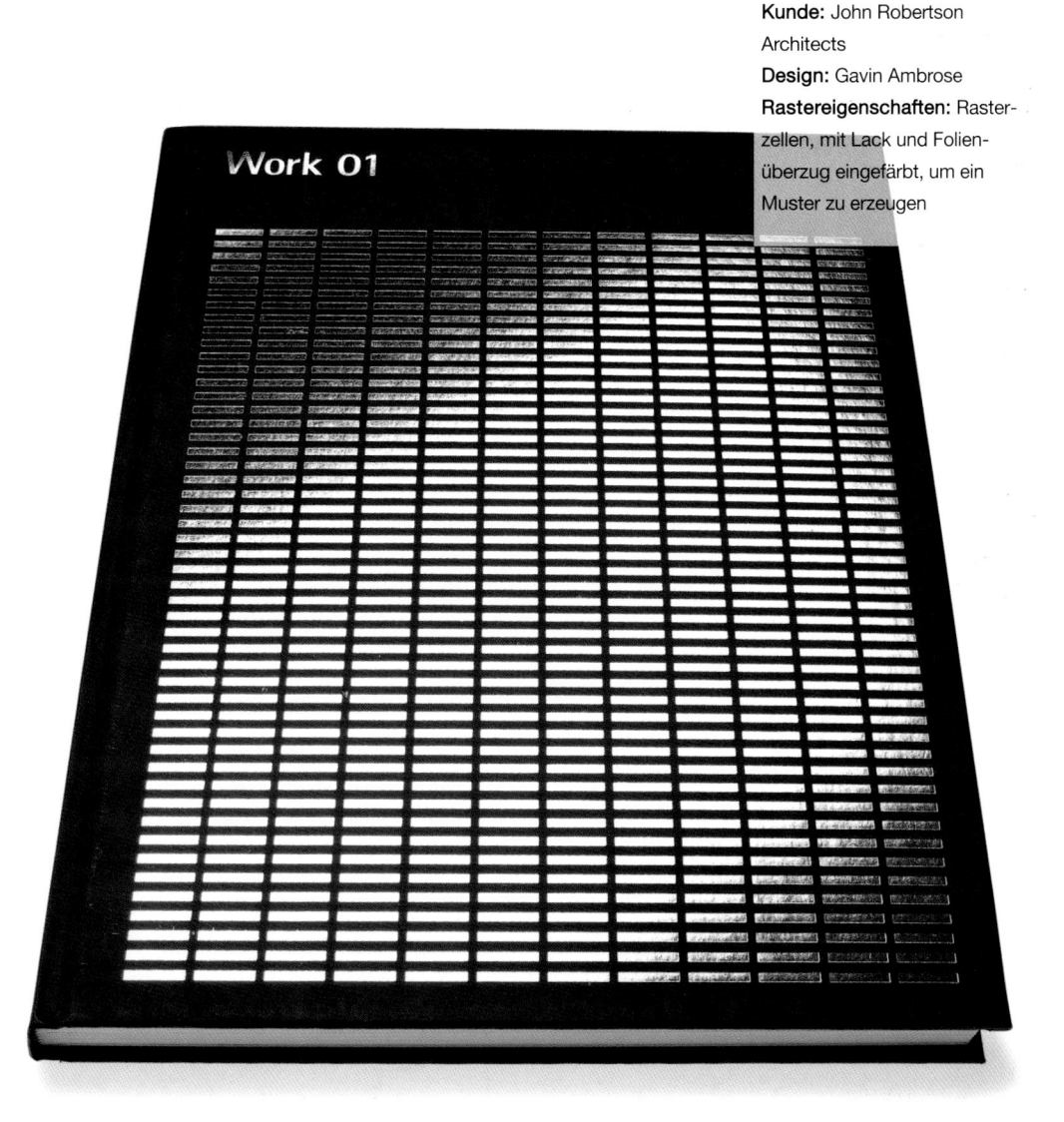

Kunde: John Robertson Architects
Design: Gavin Ambrose
Rastereigenschaften: Rasterzellen, mit Lack und Folienüberzug eingefärbt, um ein Muster zu erzeugen

John Robertson Architects
Die Objekte auf dieser Doppelseite wurden von Gavin Ambrose für John Robertson Architects entworfen. Die gegenüberliegende Seite zeigt einen Siebdruckdokumenteneinband (links) und eine Einladung (rechts) mit einer UV-Spotlackierung, während oben der heißfoliengeprägte Einband eines Buchs abgebildet ist. Die Zellen sind im Wesentlichen durch den Lack und die Heißfolienprägung eingefärbt und ergeben so ein Muster, das an Glaslampen erinnert, die eine Hochhausfassade bedecken.

Designraster Muster

Sichtbare Raster

Sichtbare Raster
Ein Raster ist die unsichtbare, leitende Hand eines Designs, doch kann er auch eine bewusst sichtbare Komponente sein, die als grafisches Element genutzt wird.

Arten von sichtbaren Rastern
Es gibt zwei Arten von sichtbaren Rastern: der sichtbare mit gedruckten Linien (siehe S. 56) und der wahrgenommene Raster. Die Gestaltung des letzteren vermittelt einen so starken Eindruck des Vorhandenseins eines Rasters, dass seine Struktur offensichtlich, aber nicht grafisch dargestellt ist. Beide Methoden stellen einen starken grafischen Eingriff dar, bieten aber auch die Struktur und Ordnung.

Die Konstruktion eines Designs mag unabsichtlich das Bild der darunterliegenden Rasterstruktur einbeziehen. Das Format eines gefalteten Posters etwa, wie das gegenüber abgebildete, weist einen physikalischen Raster auf, der zusätzlich zu dem unsichtbaren Raster des Designs durch das Falten entstanden ist.

D&AD (links und rechts)
NB: Studios Poster für D&AD zeigt konträre Ansätze im Umgang mit Rastern. Das Design links ist geradezu rasterfrei und besteht aus einem Vollbild mit einer eklektischen und typografisch entspannten Herangehensweise. Sein Gegenteil (gegenüber) ist aufgrund der Knicke rasterdominiert, die für die Schaffung von Informationsblöcken sowie für eine Sequenz genutzt werden, die sich mit dem Auffalten des Posters nach und nach erschließt.

Kunde: D&AD
Design: NB: Studio
Rastereigenschaften: Gegensätzliche Raster verbinden Fluss und Strenge in einem eklektischen Design

Skalierung

Skalierung

Größenveränderungen in einem Design können die Balance und die Beziehung zwischen den Elementen beeinflussen. Sie wirken sich auf die Harmonie aus und helfen, die Erzählweise zu definieren.

Skalieren von Inhalten

Die Skalierung von Elementen innerhalb eines Designs spielt eine entscheidende Rolle für seine Gesamtwirkung. Die Größe der Objekte, seien es Text oder Bilder, stellt eine Beziehung zur Größe der Seite oder des Rasters her; diese ist wiederum entscheidend dafür, wie wirkungsvoll die Kommunikation mit dem Leser ist. Die unbestreitbare Beziehung zwischen Größe und Raster legt nahe, beim Skalieren einfühlsam vorzugehen und das Endresultat im Auge zu behalten.

Zu starke Vergrößerung
Ein Objekt auf die gesamte Seite zu vergrößern, kann die Seite oder Doppelseite überfluten; hier wirkt das dünne Passepartout schlecht durchdacht. In dem Fall ist es besser, eine abfallende Abbildung oder ein großzügigeres Passepartout zu verwenden, das dem Element einen adäquaten Rahmen liefert.

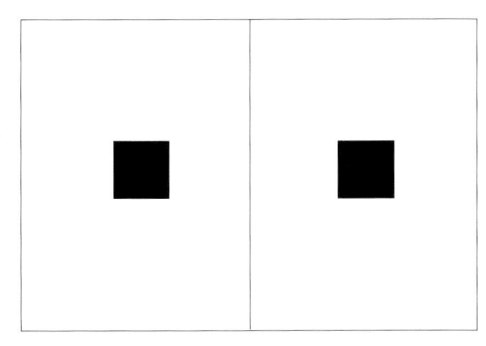

Zu starke Verkleinerung
Ein Designelement, das nicht groß genug ist, geht in der Weißfläche der Seite oder Doppelseite leicht unter; daraus entsteht ein Ungleichgewicht, das das Objekt erdrückt.

Erzählweise/Narrative
Die sich entwickelnde Geschichte als Produkt der Beziehung zwischen den Designelementen.

Kunde: Matthew Williamson
Design: SEA Design
Rastereigenschaften: Effektive Skalierung erzeugt Dynamik und Tempo im Vorder- und Hintergrund

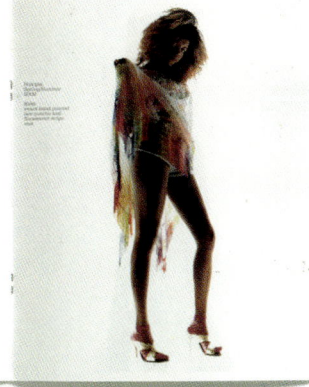

Matthew Williamson

Die Broschüre von SEA für den Designer Matthew Williamson stellt Models in verschiedenen Skalierungen zur Schau. Einige Bilder zeigen sie in voller Größe und wirken distanziert, andere sind am Oberschenkel abgeschnitten und erscheinen näher und unmittelbarer. Diese Vordergrund- und Hintergrunddynamik trägt zum Tempo der Publikation bei.

Das Perimeter

Das Perimeter

Dieser äußere Rand einer Seite oder Doppelseite wird oft als tote Fläche angesehen. Er kann jedoch wirkungsvoll den Inhalt einer Seite einrahmen.

Die Wirkung des Perimeters auf den Inhalt
Inhalt, der in den Bereich des Perimeters hineingesetzt ist, wie z.B. ein abfallendes Bild, kann den Gesamteindruck eines Designs verändern und Bewegung hineinbringen. Statt das Perimeter als einen unantastbaren Bereich zu behandeln, kann der Designer diese tote Fläche kreativ für die Dynamisierung seiner Arbeit nutzen.

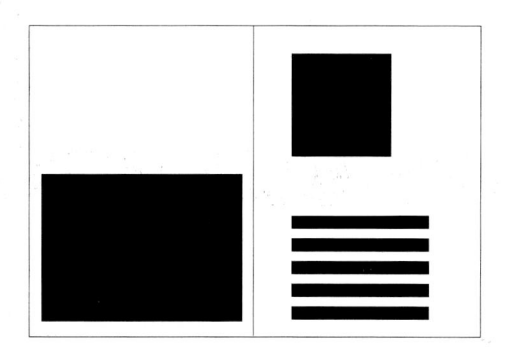

Passive Beziehung zum Perimeter
Die Abbildung oben enthält Seitenelemente, die in passiver Beziehung zum Perimeter stehen, da sie alle vorsichtig in einem gewissen Abstand vom Seitenrand angeordnet sind. So wird ein Passepartout für das Bild auf der Versoseite geschaffen, das die visuelle Aussage ersticken oder beschränken könnte. Insgesamt wirkt das Design bieder und einfallslos.

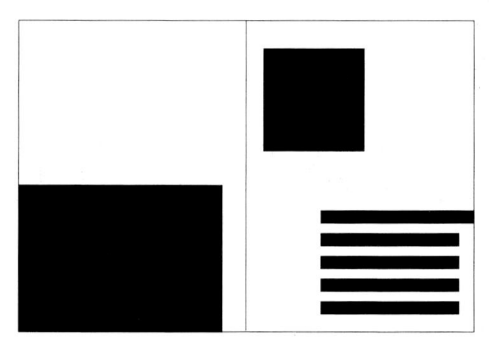

Aktive Beziehung zum Perimeter
Bei aktiven Beziehungen zum Perimeter findet man Seitenelemente, die den Seitenrand belegen und die tote Fläche in lebendige verwandeln. Das Versobild oben tritt in eine interessante Beziehung zur Seite, da es nach zwei Seiten abfällt, was für Bewegung sorgt und den Leser zum Umblättern auffordert.

First Focus (rechts)
Die abfallenden Bilder auf den Doppelseiten von Faydherbe / De Vringer zeigen eine aktive Beziehung zwischen dem Seitenperimeter und den Fotos. Die untere Doppelseite zeigt einen Tempowechsel: von einem Passepartoutbild auf der Versoseite zu einer abfallenden Abbildung auf der Rectoseite. Dadurch entsteht ein Gefühl der Bewegung, das den Leser zum Umblättern ermuntert.

kennen elkaar onderling. Maar voor de buitenstaander is iedereen anoniem. Zoals deze foto laat zien: het individu, daar gaat het om.

De Franse fotograaf Stéphane Couturier laat ons een glasfaçade zien. Het is de Haagse Bijenkorf aan de kant van de Wagenstraat. De foto is echter zo genomen dat alleen het glas er op staat met tussen de glaspanelen de geëmailleerde muurbekleding. Het nemen van deze foto nam de nodige tijd in beslag. De zon brak telkens even door en zon wilde de kunstenaar niet op zijn foto. Wel een natuurlijke, gelijkmatige lichtverdeling. Later in zijn studio in Parijs zijn de contouren van de foto bepaald. Een camera registreert vaak meer dan de kunstenaar wil laten zien. Door bewerking creëert hij zijn eigen werkelijkheid. Hagenaars die de foto zien, zijn verblijft. Nog nooit bleken deze ramen zo imposant. Buitenlanders denken meteen aan een gebouw van Gaudi uit Barcelona. Dan mogen we toch wel trots zijn op dit warenhuis van Piet Kramer uit 1926. Is het niet curieus dat een buitenlandse fotograaf ons deze schoonheid laat zien?

De foto *Exit* en de Engelse kunstenaar John Hilliard vertelt in één beeld alles waar het om gaat in de fotografie. Een lamp schijnt op het gezicht van het model. Zij is het onderwerp van het beeld, of niet? Zij weert dit licht af, alsof de overdaad aan licht haar teveel is. Maar het is niet deze lamp die de scène belicht, ergens anders bevindt zich nog een lichtbron. Het model wordt als het ware dubbel belicht. Fotografie draait om belichting. Hier wordt gespeeld met de gegevens van de fotografie. Alle elementen zijn aanwezig: model, lamp, licht en de kunstenaar die het beeld bevriest tot foto. Er bestaat slechts één afdruk van deze foto. Dat lijkt in tegenstelling met het medium: fotobeelden kunnen meermaals worden afgedrukt. Waarom geen tweede?

Soms is enige voorkennis wel prettig. Wie weet dat de twee foto's van Wijnanda Deroo die in de bibliotheek hangen, genomen zijn in Viipuri? Dat Viipuri tegenwoordig Russisch is, maar vroeger in Finland lag? En dat deze bibliotheek het eerste functionalistische bouwwerk (1936) is van de grote Finse architect Alvar Aalto? Of dat de foto's van een ijssalon en een kapperszaak zijn gemaakt in Yucatán (Mexico)?

Van de Iraanse Shirin Neshat hangen in het secretariaat vier foto's van College van Bestuur twee foto's van handen de kleine kinderhanden omvatten. De foto's zijn met de hand ingeschilderd door de kunstenaar, uniek dus. De titel van de opengevouwen kinderhanden is *Bonding* (verbondenheid) en de geloten kinderhanden heet *Faith* (geloof (vertrouwen). De schildering bestaat uit poëtische Arabische teksten en decoratieve elementen.

Kunde: First Focus

Design: Faydherbe / De Vringer

Rastereigenschaften: Aktive Beziehung zum Perimeter durch Verwendung von abfallenden Bildern sorgt für Tempo

Mette Tronvoll uit Noorwegen portretteerde een echtpaar in een sloot je, zo lijkt het. De foto is gemaakt op Groenland, een land dat doet denken aan koude en ijs. Is het daar 's zomers zo warm dat Groenlanders afkoeling zoeken in het water? Of is hier sprake van een ritueel? Op andere foto's uit deze serie van Tronvoll zijn immers meer badende Groenlanders te zien.

Van één foto is veel af te lezen, indien men de tijd neemt om goed te kijken. Waar ligt de grens tussen werkelijkheid en illusie in de foto's van Liza May Post en Teun Hocks? In het geval van Hocks is dit duidelijk: de achtergrond is geschilderd. Maar in de foto van Post wringt het. Wat is er in de ruimte van het meisje geknutseld? Is deze ruimte echt of kunstmatig? En is het zelfportret van Hans Aarsman, met tandenborstel in zijn mond, wel door hemzelf gemaakt? Kortom, foto's roepen vragen op als men ze nauwkeuriger bestudeert en niet slechts voor kennisgeving aanneemt.

Das Perimeter

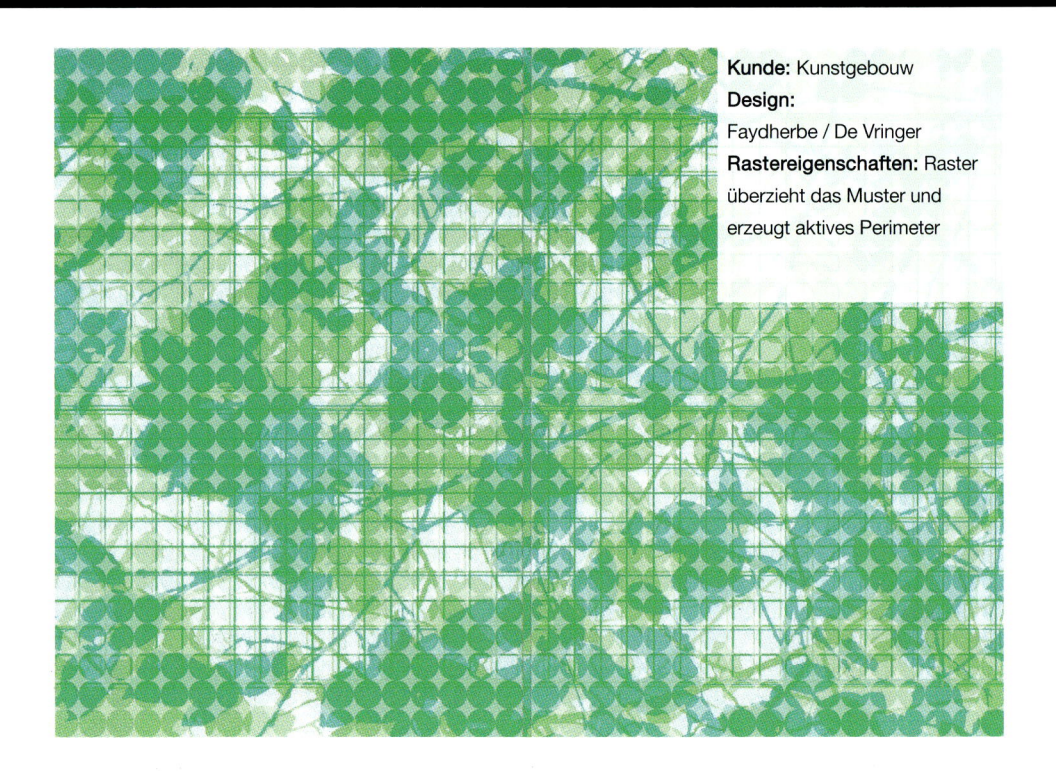

Kunde: Kunstgebouw
Design:
Faydherbe / De Vringer
Rastereigenschaften: Raster überzieht das Muster und erzeugt aktives Perimeter

Artistieke intenties

Vergezichten kent drie zone's van artistieke intenties.

De eerste zone is die van de zintuiglijke waarneming. In deze zone bevindt zich de psychogeriatrische afdeling. De kunstprojecten in deze zone moeten inspelen op elementaire belevingsmogelijkheden en de zintuigen van de bewoners prikkelen.

De tweede zone is de zone van de ontmoeting. Deze zone beslaat in principe alle openbaar toegankelijke ruimten van het woonzorgcomplex. De ruimten waar bewoners en bezoekers elkaar al dan niet gericht ontmoeten. Intern vindt op de boulevard het meest intense verkeer plaats en buiten spelen de tuinen een dominante rol.

Vooralsnog hebben deze tuinen een kijkfunctie. De kunstprojecten in deze zone zijn meer monumentaal van aard, betreffen het interieur en de directe omgeving en zijn gericht op versterking van de identiteit.

De derde zone bevindt zich eigenlijk overal tegelijk en is in feite onzichtbaar. Deze zone is het aandachtsgebied educatie en wordt figuurlijk de 'poëzie van alledag' genoemd - want het gaat hier om dagelijkse verwondering. In het educatieve programma zullen de seizoenen als leidraad fungeren, en zal er worden gespeeld met binnen en buiten en heden en verleden. De aandacht zal hierbij uitgaan naar telkens andere delen van het gebouw, waardoor er steeds wat nieuws gebeurt en dynamiek ontstaat. Hieronder zullen de zones nader worden toegelicht.

ROLF ENGELEN, 2001   ZIE ZONE 2, TUIN 3
Van Vlinderbuurt tot Takkenwijk

Zone I:

Zintuiglijke waarneming

**Locatie: Pension 't Hart –
de psychogeriatrische afdeling**

Opdracht

In de psychogeriatrische afdeling wonen dementerende ouderen in éénkamerappartementen die liggen aan een gang die haaks op de boulevard staat. Daar is ook de gemeenschappelijke huiskamer te vinden. Deze ruimten liggen in het besloten gedeelte van het gebouwencomplex. Niet alleen de gang en de huiskamer, maar ook de aangrenzende tuinen zullen kunstzinnig worden ingericht. Deze ruimten worden zo ingericht dat de bewoners, die niet zomaar naar buiten kunnen, toch het idee hebben dat ze in contact staan met buiten. Doordat de kunstenaars buiten net zo met zintuiglijke waarneming spelen als binnen, zouden de gedachten van bewoners gemakkelijk naar buiten moeten kunnen afdwalen. Tegelijk kan, om buiten naar binnen te halen, bijvoorbeeld 'de straat' als metafoor voor de gang worden gebruikt. Ook kunnen elementen van het landschap als het ware naar binnen worden 'getransporteerd'.

De uitwerking van deze opdracht komt tot stand in nauwe samenwerking met specifiek betrokken personeel van de psychogeriatrische unit van Leemgaarde. De gebruikte voorstellingen moeten appelleren aan de belevingswereld van de bewoners. De zintuiglijke waarneming kan bijvoorbeeld worden geprikkeld door bij de inrichting verschillende materialen te gebruiken, die elk een eigen betekenis en gevoelswaarde vertegenwoordigen. In het ontwerp wordt rekening gehouden met rolstoelgebruikers en slecht ter been zijnde bewoners. Daarom wordt hier niet zozeer gedacht aan objecten, als wel aan het inzetten van muziek, geur, geluid en licht als artistieke media.

Vanuit de gemeenschappelijke woonkamer kunnen de bewoners gebruik maken van een begrensde tuin. Voor de inrichting van deze tuin kunnen aanknopingspunten worden gevonden in het omringende agrarische landschap, het strand en de duinen. Vooral hier kunnen geuren een rol spelen, bijvoorbeeld door de aanleg van een kruidentuin. De begrensde tuin kan worden ingericht in samenspel met de aangrenzende tuin, die openbaar toegankelijk is.

Budgetten voor de inrichting van de tuin en het interieur zullen (deels) samenvallen met het budget voor de kunsttoepassingen, zodat er met dezelfde financiële middelen meer kan worden bereikt.

Designraster Verwendung des Rasters

Kunde: First Focus
Design: Pentagram
Rastereigenschaften: Passives Perimeter und Juxtaposition stellen Bildbeziehungen her

Matthew Barney: The Cremaster Cycle (oben)
Die Doppelseite oben stammt aus Matthew Barneys Buch *The Cremaster Cycle*. Es wurde von Pentagram für den Verlag First Focus gestaltet. Das Buch enthält ganzseitige Bilder und einheitlich gesetzte Passepartouts, die passive Perimeter zum Ergebnis haben, die eine Beziehung zwischen den Bildern herstellen.

Vergezichten (links)
Faydherbe / De Vringer entwarfen dieses Buch für Kunstgebouw. Die Punkte sind Teil des Musters und lenken den Leser zum Perimeter. Die Produktion dieser Publikation erforderte akkuraten Zuschnitt mit der Schneidemaschine, damit der Effekt nicht verloren ging. Beachten Sie, wie mit den rasterüberzogenen Formen ein Wandteppicheffekt erzielt wird, da er sowohl klar als auch weich wirkt.

Passepartout
Ein Rahmen aus passiver Fläche um ein Bild.
Wandteppich
Das Übereinanderlegen von leicht transparenten Text- und Bildelementen, um einen Gewebeeffekt zu erzielen.

Designraster Das Perimeter

Achse

Achse
Diese unsichtbare Linie der Ausgewogenheit oder Akzentuierung eines Designs kann durch Anordnung von Designelementen entstehen und kontrolliert werden.

Die Kontrolle der Achse
Eine Achse kommt durch die Entscheidung zustande, wo auf einer Seite der Fokus oder das Gewicht liegen soll. Die Elemente einer Seite werden dann an dieser imaginären Linie ausgerichtet. Durch die Verwendung von Elementen als Blöcke mit unterschiedlichem Gewicht schafft der Designer eine Achse, die es ihm erlaubt, die Sichtlinie des Betrachters und die Reihenfolge zu bestimmen, in der die Information gelesen wird.

Links ausgerichtete Achse
Die Seite oben weist eine linke Achse auf oder eine Ausrichtung der Elemente am linken Rand. Man könnte argumentieren, dass dies eine schwache Komposition zum Ergebnis hat, da es ihr an grafischer Ausgewogenheit und Bewegung mangelt. Sie sorgt allerdings für eine klar definierte Ordnung.

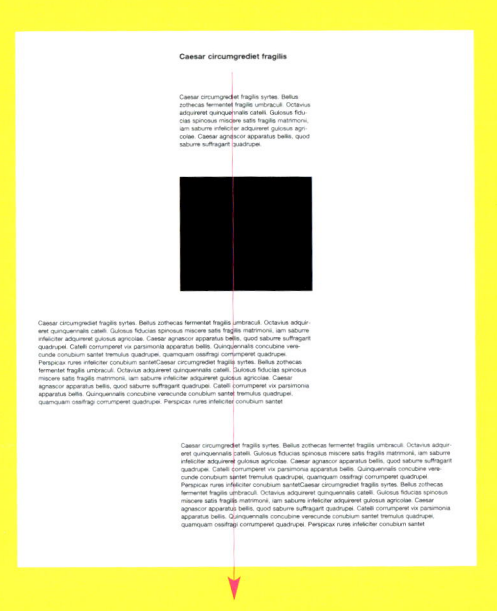

Mittelachse
Die verschiedenen Elemente auf dieser Seite sind frei an der Mittelachse ausgerichtet. Diese Struktur erzeugt eine gewisse Spannung durch das Wechselspiel zwischen den verschiedenen Elementen und damit ein aktiveres und interessanteres Design, das einen starken Eindruck der Bewegung bietet.

Kunde: Salon Haagse
Design: Faydherbe / De Vringer
Rastereigenschaften: Mittelachse und aktives Perimeter als Grundlage für eine starke Komposition

Salon Haagse

Die Seitenelemente des von Faydherbe / De Vringer für den Salon Haagse kreierten Posters sind an der Mittelachse ausgerichtet und bringen eine starke Komposition hervor. Der Text oben und unten aktiviert das Perimeter in einer ausgewogenen und grafisch starken Komposition; darüber hinaus sorgt die Mischung aus Schriftschnitten, -größen, Ausrichtungen und Farben für eine klare und leicht zu erfassende Hierarchie.

Designraster Achse

Achse

Kunde: River Island
Design: Third Eye Design
Rastereigenschaften: Verbundraster mit physikalisch gefaltetem Raster

Designraster Verwendung des Rasters

Kunde: Poster Magazine
Design: 3 Deep Design
Rastereigenschaften: von Designelementen geschaffene komplementäre Mittel- und Diagonalachse

River Island (links)
Das Poster von Third Eye Design für den Modehändler River Island hat einen Verbundraster mit Text- und Bildmodulen. Die Bildmodule überspannen die Spaltenabstände und verhindern, dass der Raster starr wirkt. Die Posterfalze bilden einen zusätzlichen physikalischen Raster und eine Mittelachse, an der die Überschrift ausgerichtet ist.

Poster Magazine (oben)
Für dieses Deckblatt für Poster *Magazine* wählte 3 Deep Design komplementäre Achsen – das Porträt des Models stellt die Mittelachse dar. Die amorphen Buchstaben auf der diagonalen Achse bilden einen Kontrast.

Designraster Achse

Juxtaposition

Juxtaposition
Im Design stellt Juxtaposition eine Technik dar, mithilfe derer kontrastierende Bilder nebeneinandergestellt werden.

Juxtaposition im Grafikdesign
Juxtaposition stellt mit geringem Aufwand eine Beziehung oder Verbindung zwischen unterschiedlichen Elementen her. Diese Bindeglieder finden sich in der Verwendung von Farbe, Form oder Stil. Die Juxtaposition wird auch häufig im Tandem mit anderen Konzepten wie Metaphern oder Vergleichen gebraucht.

In der Werbung überträgt die Juxtaposition wünschenswerte Attribute von einem Gegenstand auf einen anderen. Wird z.B. ein Markenprodukt mit einem erfolgreichen Athleten in Zusammenhang gebracht, assoziiert man es mit Attributen wie Qualität, hohe Leistungsfähigkeit und Geschick. In den Beispielen unten soll die Juxtaposition von zwei anscheinend unverwandten Bildern in der Vorstellung des Betrachters eine visuelle Verbindung herstellen.

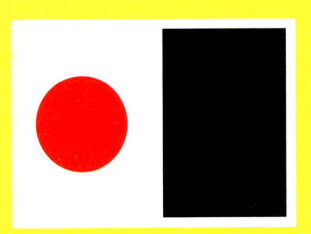

Juxtaposition von Größe/Form
Räumliche Beziehungen können nebeneinandergestellt werden, um in einem Design eine dynamische Spannung auszulösen, wie die oben zwischen dem Rechteck und dem Kreis – so werden unterschiedliche Größen betont.

Juxtaposition des Gegenstands
Die Juxtaposition von gegensätzlichen Bildern wie Feuer und Eis hilft dabei, in einem Design eine Geschichte auszuarbeiten, indem man leicht verständliche visuelle Bezüge anbietet. Bilder, deren Beziehung vieldeutiger ist, können ebenfalls nebeneinandergestellt werden, um verschiedene Botschaften oder Bedeutungen zu transportieren wie zum Beispiel oben die Sonnenblume sowie Mutter und Kind.

Juxtaposition von Rastern
Die Juxtaposition von verschiedenen Rastern sorgt im Layout für Spannung sowie Tempo, indem sie die symmetrische Form aufbricht. Der Wechsel von einspaltigem zu dreispaltigem Raster gibt dem Text Tempo, indem er einen Textblock zur Verfügung stellt, der leichter zu lesen ist und die Monotonie der sich wiederholenden Seiten unterbricht.

Kunde: Michael Harvey
Design: Michael Harvey
Rastereigenschaften: Juxtaposition in einem Recto-Verso-Raster

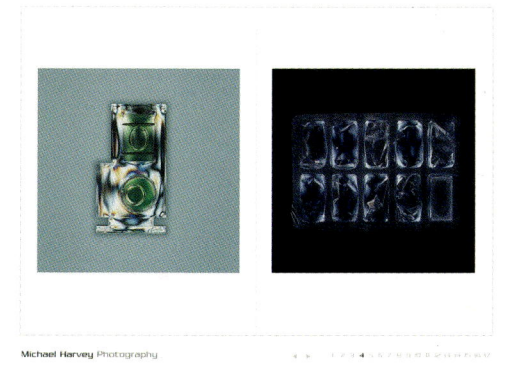

Michael Harvey
Die Doppelseiten oben zeigen Fotos von Michael Harveys Website. Um eine Beziehung zwischen den Bildern herzustellen, wurde für das Design das traditionelle Zeitschriftenformat mit nebeneinandergestellten Recto- und Versorastern übernommen. Jedes Bild wird in einem Passepartout präsentiert, das für Geschlossenheit sorgt.

Designraster Juxtaposition

Weißfläche

Weißfläche
Weißfläche ist jede leere, unbedruckte und ungenutzte Fläche, die Grafik- und Textelemente in einem Design umgibt.

In Begriffen von positiv und negativ denken
Jan Tschichold (1902–1974) war ein Vertreter der Weißfläche als modernistisches Designelement und nannte sie „die Lunge des guten Designs", da sie den Designelementen Fläche zum Atmen verschafft. Der kreative Umgang mit Weißfläche verlangt, dass man sich eine Seite in Begriffen von positiv und negativ vorstellt. Der Einsatz von positiven Elementen wie Schrift und Bild bringt Farbe auf eine Seite, die Negativfläche dagegen trägt zur Dynamik bei. Dies wird deutlich bei Thumbnails einer Seite und der Umkehrung der Farbelemente wie unten.

Funktionen der Weißfläche
Weißfläche sollte genauso wie Schrift, Bilder, Hierarchie und Struktur als Designelement angesehen werden. Fläche ist nicht unnötiger Luxus, sondern ein grundlegendes Element, das den Leser durch die Seite führt. Ein Mangel an Fläche kann das Lesen eines Designs erschweren, da die Startpunkte nicht klar zu erkennen sind und es dem Design an Geschlossenheit und Erzählung fehlt.

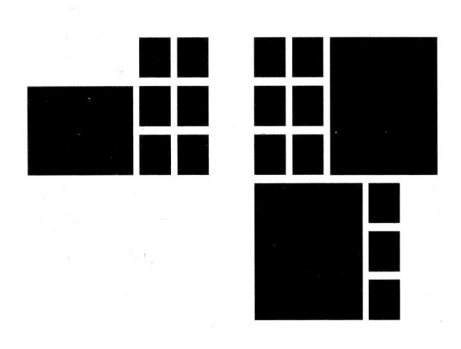

Der positive Raster
Hierbei handelt es sich um einen positiven Thumbnail, in dem die Elemente der Seite in Schwarz gezeigt werden und die Weißfläche in Weiß. Der Fokus liegt auf den Elementen der Seite.

Der negative Raster
Bei diesem negativen Thumbnail werden die Elemente der Seite in Weiß gezeigt und die Weißfläche in Schwarz. In diesem Fall verlagert sich der Fokus auf die Weißfläche, was dem Designer erleichtert, ihre Auswirkung auf das Gesamtdesign zu sehen.

Kunde: Little, Brown Book Group
Design: Pentagram
Rastereigenschaften: Weißfläche stellt Beziehungen zwischen Elementen her

Dieser Thumbnail demonstriert den Gebrauch der Fläche auf der oben abgebildeten Doppelseite. Weißfläche wird verwendet, um dem kleineren Bild Raum zu verschaffen, damit es unabhängig vom dominierenden Hauptbild betrachtet werden kann. Beachten Sie auch, dass das kleinere Bild sehr nah an die Seitenkante gesetzt ist und den Leser lockt umzublättern.

Terence Donovan
Hier ist eine Doppelseite aus einem Buch abgebildet, das von Pentagram für die Little Brown Book Group gestaltet wurde. Die Weißfläche stiftet eine Beziehung zwischen zwei Bildern. Das ganzseitig abfallende Bild auf der Versoseite überspannt den Bundsteg und dominiert das kleinere Bild, das in der Weißfläche eingeschlossen ist.

Designraster Weißfläche

Raster in der Architektur

Raster in der Architektur
Raster sind in unserer alltäglichen Umgebung zu finden, und ihr Gebrauch wird auf viele Arten sichtbar. Dies soll auf den folgenden Doppelseiten gezeigt werden.

Der Raster und die menschliche Gestalt
Die meisten gebauten Strukturen haben eine Beziehung zur menschlichen Form. Le Corbusier entwarf den Modulor, ein Maß für Proportionen in der Architektur, das auf der Größe des englischen Durchschnittsmanns (183 cm) beruht. Daraus ergibt sich eine Augenhöhe von 160 cm – eine wichtige Höhe für Beschilderungen.

Die obige Abbildung ist nach Le Corbusiers *Le Modulor* neu entworfen. Sie zeigt eine menschliche Gestalt, deren Größe proportional aufgeteilt ist.

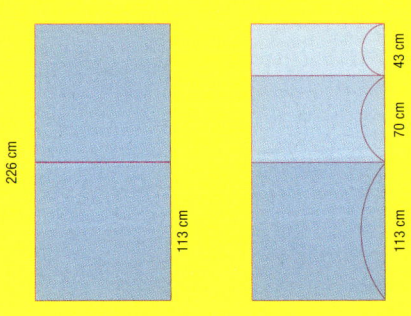

Dieses neu entworfene Detail aus Le Corbusiers *Le Modulor* zeigt die Proportionen einer menschlichen Gestalt, deren Größe in Maßeinheiten, vom Nabel ausgehend, nach dem Goldenen Schnitt unterteilt ist.

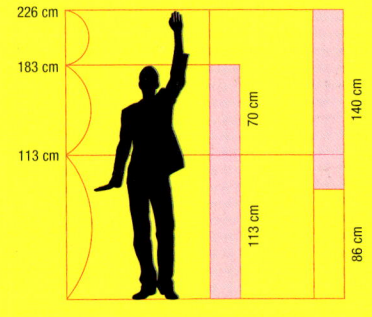

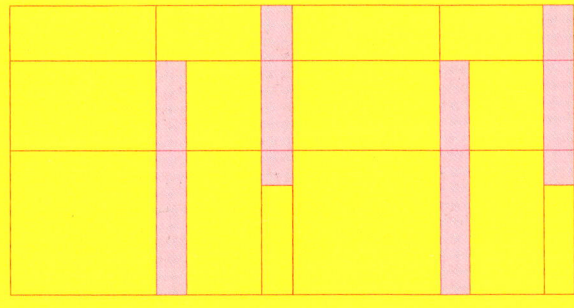

Die Größe eines Manns beträgt bei ausgestrecktem Arm 226 cm – das Zweifache der Nabelhöhe. Die diversen Maße im Modulor liefern einen vertikalen Raster, der als Richtschnur verwendet werden kann, wenn man Strukturen und Informationen so platzieren will, dass sie bequem zugänglich und ergonomisch sind.

Kunde: Barbican
Design: Studio Myerscough und Cartlidge Levene
Rastereigenschaften: Schrift ist an natürlicher Rasterstruktur eines Gebäudes ausgerichtet

Barbican
Diese von Studio Myerscough und Cartlidge Levene gestaltete Beschriftung zeichnet sich durch eine großformatige serifenlose Schrift aus, die von der natürlichen Rasterstruktur der Betonkonstruktion profitiert. Die Schrift auf einer Betonplatte wird von deren Rändern eingerahmt und ist an den Eingangstüren ausgerichtet, sodass sie leicht wahrgenommen werden kann, wenn man auf das Gebäude zugeht. Beachten Sie, dass der Textblock ein „menschliches Maß" hat und strategisch so positioniert ist, dass er mit den Türen und den durch sie hindurchgehenden Menschen interagiert.

Umgebungsraster

Das Übertragen der Seite auf die Umgebung
Der Maßstabsentwurf auf einer Seite kann mit gleicher architektonischer Sprache auf eine Umgebung übertragen werden. Im Grafikdesign wie in der Architektur bieten Spalten eine stützende Struktur, die bei der Anordnung von Informationen oder Baumaterialien hilft. Ein Design, das auf eine Umgebung angewendet werden soll, muss die menschlichen Proportionen berücksichtigen, damit die enthaltenen Informationen unter verschiedenen Betrachtungsbedingungen zugänglich sind.

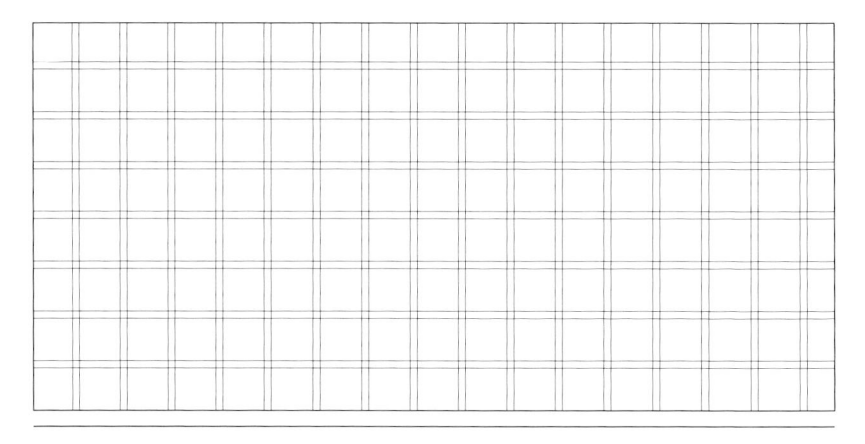

Der hier dargestellte Raster kann auf eine Wand gezeichnet werden, um räumliche Beziehungen herzustellen, genauso, wie ein Raster diese Funktion auf einer Seite ausübt.

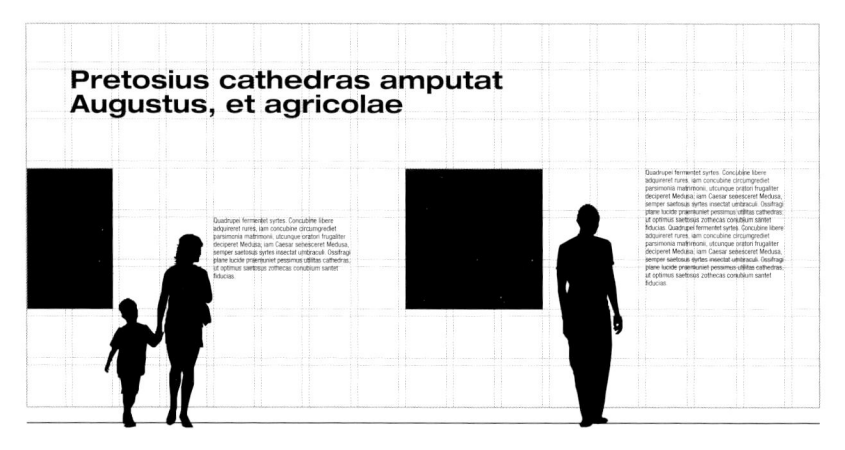

Diese Illustration zeigt, wie der Raster genutzt werden kann, um Text- und Bildelemente zu positionieren. Er berücksichtigt die physischen Gegebenheiten der Umgebung von Menschen und des betrachtenden Publikums. Die Sichthöhen eines Mannes, einer Frau und eines Kindes durchschnittlicher Größe wurden sorgfältig bedacht. Man darf nicht vergessen, dass größere Buchstaben nötig sind, damit das Design aus der Entfernung lesbar ist.

Kunde: Design Journeys
Design: Third Eye Design
Rastereigenschaften: Die Raumdimensionen formen einen natürlichen Raster

Design Journeys

Die Ausstellung von Third Eye Design demonstriert den Gebrauch eines Rasters auf Mikro- wie auf Makroebene. Die in Pixel dargestellten Buchstaben wurden mit einem millimeterpapierähnlichen Raster erstellt und dann auf einen Raster an der Wand gesetzt. Das Ergebnis ist ein informatives und bemerkenswertes Design, das die natürlichen Rasterdimensionen im Raum nutzt. Obwohl ein großer Teil des Texts unter die Augenhöhe fällt, lässt seine Größe das Lesen aus der Entfernung zu.

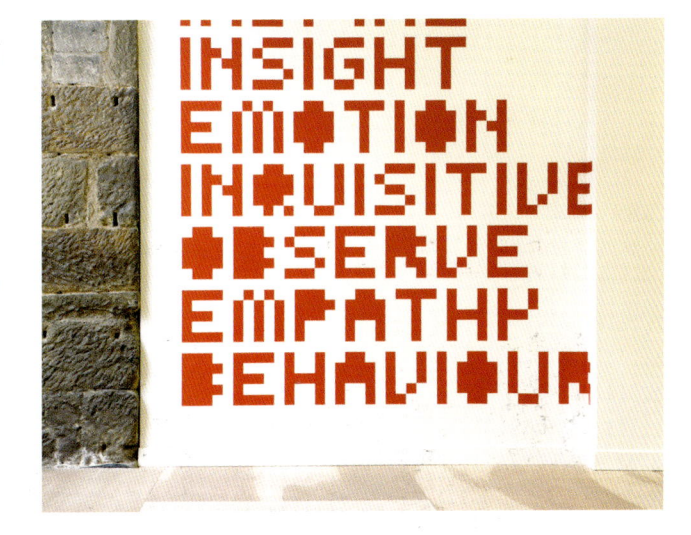

Designraster Umgebungsraster

Mehrsprachige Raster

Mehrsprachige Raster
Globalisierung bedeutet, dass Drucke oft in mehreren Sprachen für internationales Publikum hergestellt werden müssen.

Die Notwendigkeit von zwei oder mehr Sprachen führt oft dazu, dass die Entwicklung eines Designs mehr vom Inhalt ausgeht als von der Anwendung kreativer Prinzipien, um ein attraktives Ergebnis zu erzielen. Viele Raster sind jedoch flexibel genug, um Text in verschiedenen Sprachen unterzubringen.

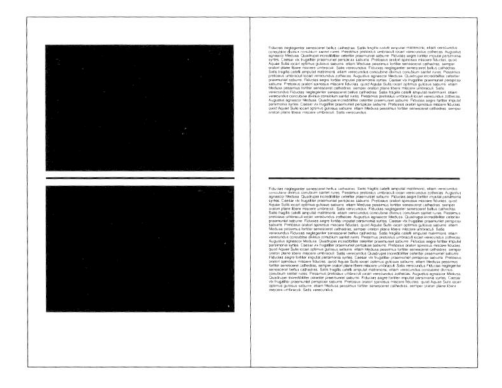

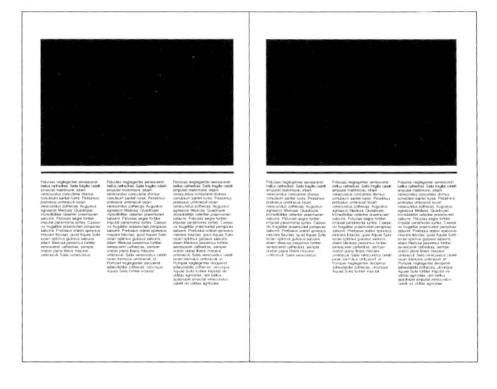

Duale Erzählung (oben)
Dieses Vorschaubild zeigt einen Doppeldeckerraster, der die Seite horizontal teilt, um für jede Sprache einen eigenen Raum zu schaffen. Innerhalb dieses vom Raster vorgegebenen Raums kann jede Sprache so viel Platz einnehmen wie nötig.

Mehrfache Erzählung (oben)
Publikationen mit mehr als zwei Sprachen können sich eines Rasters mit Spalten bedienen, in denen der Text so viel Platz wie nötig einnehmen kann. Dieses Vorschaubild zeigt einen dreispaltigen Raster mit ausreichend Raum im unteren Teil, der verschiedene Textlängen ermöglicht.

Übersetzung (links)
Diese Doppelseite ist aus einem Buch, das in mehreren Sprachen veröffentlicht werden soll. Die grauen Felder repräsentieren den Raum für die Text-Black-Druckplatten der verschiedenen Übersetzungen.

Kunde: Paris 2012
Design: Research Studios
Rastereigenschaften: Ein horizontaler Raster bietet Raum für zweisprachige Übersetzungen

Paris 2012

Research Studios benutzte für dieses Werk einen horizontalen Raster, um Platz für zweisprachigen Text zu schaffen. Die Publikation wurde zur Präsentation von Bauvorschlägen für das Internationale Olympische Komitee in Paris erstellt, um damit lokale und internationale Unterstützung für die Bewerbung der Stadt für die Ausrichtung der Olympischen Spiele zu gewinnen. Der Raster bietet reichlich Platz für die französischen wie die englischen Texte, die die unterschiedlichen Vorschläge diskutieren.

Übersetzung

Verschiedene Sprachen benötigen für den gleichen Inhalt unterschiedlich viel Raum. Typografisch gesehen ist Englisch eine sehr kompakte Sprache, und wenn ein Design übersetzt werden soll, muss zusätzlicher Raum zugestanden werden. Deutscher Text ist ungefähr 20 Prozent länger als die englische Version, während Französisch, Italienisch und Spanisch ungefähr 10 bis 15 Prozent länger sind als Englisch.

Bildunterschriftbezogener Raster

Bildunterschriftbezogener Raster

Sind viele verschiedene Elemente in einem Design enthalten, wird es schwierig, die wichtigste Information zu identifizieren. Mit Rastern kann man eine Struktur bereitstellen, die dieses Problem löst.

Augenverfolgung

Tests zu Augenbewegungen zeigen, wie jemand eine Seite liest und ein Buch oder einen Bildschirm erfasst. Wie auf S. 14–17 gezeigt, neigt das Auge beim Betrachten eines Designs dazu, einem Muster zu folgen, indem es nach Einstiegspunkten und visuellen Anreizen sucht. Die Vorschaubilder unten zeigen, wie durch Veränderung von Größe und Platzierung eines Elements Einstiegspunkte geschaffen werden können. Eine Doppelseite wie die links unten oder auch ein Bildschirm erscheint ohne Einstiegspunkte dicht und unzugänglich. Im Gegensatz dazu erlaubt das Hinzufügen von Überschriften oder Textauszügen (unten rechts) dem Leser einen einfacheren Zugang zum Design. Das Vergrößern von Elementen auf dem Raster lässt den Leser schnell Einstiegspunkte lokalisieren, in das Design eintreten und den nächsten interessanten Punkt entdecken.

Verschiedene Elemente wie Farbe, Komposition, Bedeutung und Größe helfen, inhaltliche Anhaltspunkte zu schaffen. Das Bild einer Person erregt z.B. wegen der menschlichen Verbindung mehr Aufmerksamkeit als das einer Schaufensterpuppe. Elemente wie Überschriften und Textauszüge helfen, ein Design mit mehr Fluss und Bewegung zu erstellen.

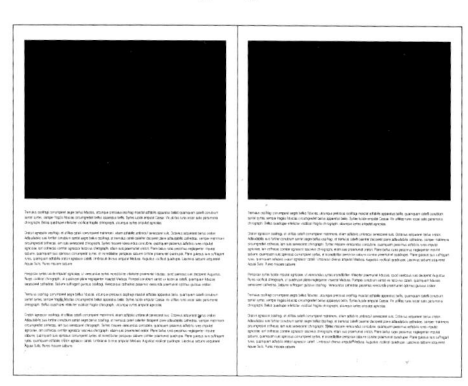

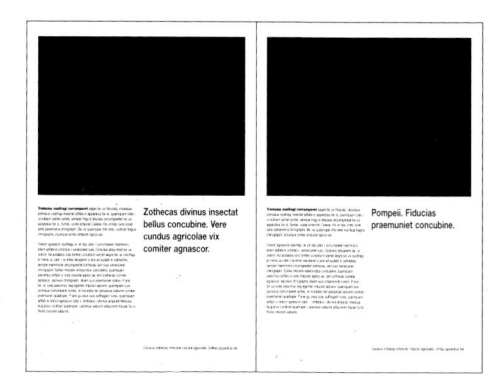

142 **143**

Kunde: Environment Agency
Design: Thirteen
Rastereigenschaften: Verschiedene Größenordnungen schaffen eine einfache Hierarchie mit Einstiegspunkten

Environment Agency
Dieser Bericht für die Environment Agency stellt den Inhalt in Abschnitten dar und verwendet verschiedene Größenordnungen für Bilder, Fließtext und Bildunterschriften. Durch Einstiegspunkte bietet es eine einfache und schnell verdauliche Hierarchie. Hier wird der Betrachter durch die Tiefe der Bilder, gefolgt von den farbigen Überschriften und schließlich dem Text, in das Design gezogen.

Textauszüge
Ein isolierter und vergrößerter Textabschnitt, der ein eigenständiges, hervorgehobenes Designelement bildet.

Designraster Bildunterschriftbezogener Raster

Raster für Mengeninformationen

Raster für Mengeninformationen
Mit einem Raster schafft man Ordnung, und nirgendwo ist dies notwendiger als bei der Präsentation mengenbezogener Informationen wie Datentabellen.

Obwohl die Präsentation von Daten eine formalere Struktur erfordert, kann nicht angenommen werden, dass eine Methode allen Anforderungen gerecht wird. Wie andere Aspekte des Designs ist der Schlüssel zur effektivsten Präsentation das Verständnis des Inhalts. Dies schließt die Identifikation der vorhandenen Beziehungen innerhalb der Informationen ein.

Zusammenhängendes Tabellenmaterial
Die Tabelleneinträge im Beispiel unten sind Teil von Abrechnungen in der gleichen Währung.

Im Beispiel unten sind die Einträge rechtsbündig ausgerichtet. Die Dezimalkommas liegen wegen der Klammern in Zeile 3 nicht auf einer Linie.

Die Zahlen hier sind an den Dezimalkommas ausgerichtet, was einen ausgefransten rechten Rand ergibt, jedoch die Lesbarkeit verbessert.

Kraftstoff	23.500,33
Ausgaben	6.418,12
Quellensteuer	(14.753,64)*
Rückvergütung	3.716,78

Kraftstoff	23.500,33
Ausgaben	6.418,12
Quellensteuer	(14.753,64)*
Rückvergütung	3.716,78

Unzusammenhängendes Tabellenmaterial
Die Gruppierung unzusammenhängender Daten kann unterschiedlich behandelt werden, weil es nicht nötig ist, eine klare und einheitliche Ordnung herzustellen.

Die rechtsbündige Ausrichtung aller Einträge kann eine Verbindung implizieren, auch wenn es sich um verschiedene Einheiten oder Werte handelt (unten).

Es dürfte aber besser sein, die Werte einer Spalte zu zentrieren, um die fehlende Beziehung zueinander zu verdeutlichen.

Temperatur	20 °C
Niederschlagsmenge (pro Woche)	2,3 mm
Zahl der Sonnentage (pro Monat)	14
Luftfeuchtigkeit	30%

Temperatur	20 °C
Niederschlagsmenge (pro Woche)	2,3 mm
Zahl der Sonnentage (pro Monat)	14
Luftfeuchtigkeit	30%

144 **145**

Kunde: Orange Pensions
Design: Thirteen
Rastereigenschaften: einfache linksbündige Texthierarchie und rechtsbündige Zahlen

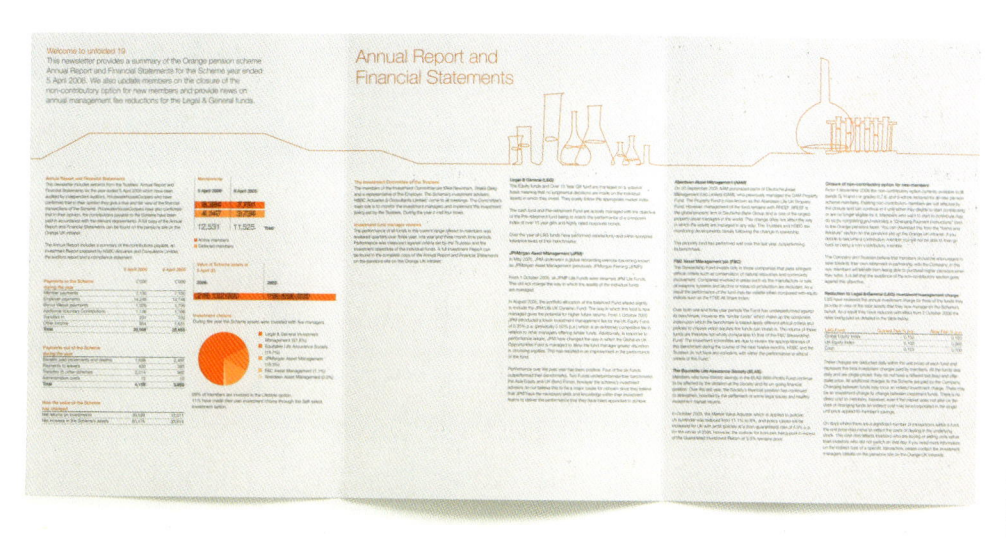

Orange Pensions

Diese von Thirteen entworfene Orange-Pensions-Broschüre präsentiert eine Vielzahl numerischer Informationen, die durch die Anwendung weniger einfacher Regeln mit einem ruhigen Eindruck übermittelt werden. Der Text der Publikation ist durchgehend linksbündig und flattert rechts. Das Design benutzt eine einfache Hierarchie – große Schriftgröße für Überschriften und fette Untertitel. Die Zahlen in der Tabelle beziehen sich aufeinander und, da es weder Dezimalstellen noch unterschiedliche Einheiten gibt, sind die Angaben rechtsbündig ausgerichtet.

Designraster Raster für Mengeninformationen

Der Raster als Ausdruck

Der Raster als Ausdruck
Mit Rastern kann der Grafikdesigner eine Geschichte erfinden und übermitteln. Sie können auch manipuliert werden, um Ideen visuell und kreativ auszudrücken.

Ausdruck in einem Design hebt die Kommunikationsebene mit dem Leser und erleichtert die Informationsübermittlung – das ultimative Ziel eines Designs. Das starre Befolgen der Prinzipien dieses Buchs wird einem Grafikdesigner helfen, schlüssige und technisch adäquate Ergebnisse zu erzielen, aber wenn jede Seite gleich behandelt wird, besteht die Gefahr einer Arbeit, die gesetzt und monoton wirkt. Das Variieren der Struktur auf den verschiedenen Seiten haucht dem Design Leben ein und erhält das Interesse des Lesers am Inhalt.

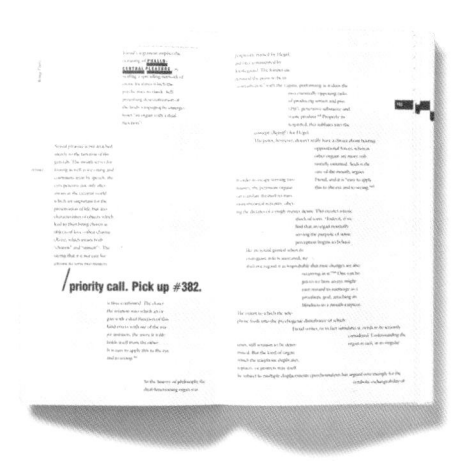

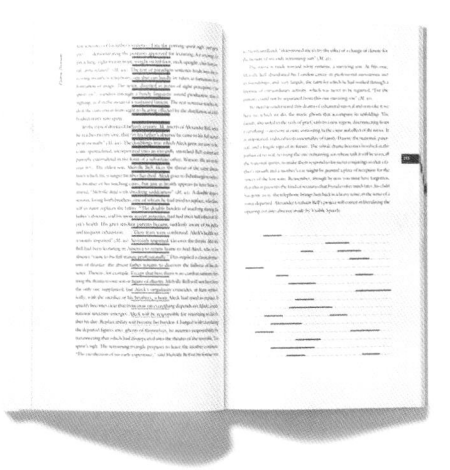

The Telephone Book (oben und rechts)
Richard Eckersleys Publikation zeigt eine ständig wechselnde Herangehensweise an den Einsatz eines Rasters. Der Raster bildet das Grundgerüst jeder Seite, aber von seiner Struktur wird beständig abgewichen, sie wird ignoriert, untergraben und missbraucht. Dies zeigt sich in der Verwendung verschiedener typografischer Mittel wie große Ausmaße, winkelige Grundlinien, umfangreiche Texte, Gießbäche und versetzte Spalten. Dadurch wird die visuelle Präsentation des Texts viel ausdrucksvoller.

Kunde: Nebraska Press
Design: Richard Eckersley
Rastereigenschaften: Der Raster bildet das Grundgerüst, um die kreative Verwendung von Text zu unterstützen

Raster im Web

Kunde: University of the West of England
Design: Thirteen
Rastereigenschaften: Ein sichtbarer Raster hilft bei der Strukturierung des Seiteninhalts

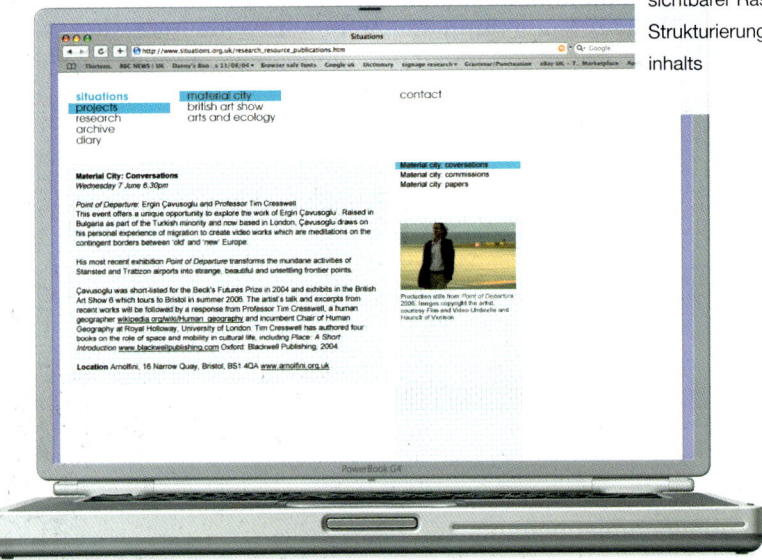

Raster im Web

Digitale Medien bieten Grafikdesignern viele Möglichkeiten, durch den Einsatz von Soundanimationen und Videoclips über die Beschränkungen von Printmedien hinauszugehen. Schrift und Bilder sind jedoch immer noch die bei weitem am häufigsten verwendeten Elemente. Durch die größere Auswahl von Seitenelementen, die dem Grafikdesigner in der digitalen Welt zur Verfügung stehen, ist die Notwendigkeit der Organisation und der Einsatz eines Rasters noch entscheidender.

Printmedien haben bewährte Formate und Regeln für die Präsentation von Text und grafischen Informationen entwickelt, die Lese- und Betrachtungsgewohnheiten der Leser über Generationen geformt haben. Onlinemedien haben diese Traditionen geerbt, was Grafikdesigner dazu führt, Webseiten zu erstellen, die oft den Eindruck eines gedruckten Artikels machen, um den Inhalt für Onlineleser leichter zugänglich zu machen.

Der Gebrauch eines Rasters in digitalen Medien bringt aber besondere Überlegungen mit sich. Er gibt Grafikdesignern die Möglichkeit, die Arbeit relevant und frisch wirken zu lassen, wie dieser Abschnitt zeigen wird. Eine der ersten Entscheidungen, der ein Grafikdesigner gegenüber steht, ist, ob er sich den vertikal und horizontal unbegrenzt zur Verfügung stehenden Raum einer digitalen Seite zunutze machen soll oder ob ein festgelegtes Seitenformat am besten passt.

Durch die Art, wie digitale Designs betrachtet werden, liegen mehr Elemente wie Bildschirmgröße und Auflösung außerhalb der Kontrolle des Grafikdesigners. Es gibt jedoch Lösungen für diese Probleme in Bezug auf die Organisation der Elemente auf der Seite.

Situations (links)
Dies sind Webseiten für ein Forschungsprogramm an der Universität von Westengland. Die von Thirteen gestaltete Webseite zeigt einen sichtbaren Raster. Dieser hilft, die Seite in klare Abschnitte zu strukturieren, die es erlauben, Schrift und Bilder entsprechend der von den Printmedien geerbten Lesegewohnheiten zu platzieren. Diese Art der Präsentation verleiht dem Design ein relevantes und frisches Gefühl. Der Farbbalken bietet einen klaren Navigationspfad und stellt eine Hierarchie her. Der Webseitenhintergrund ähnelt Millimeterpapier, was auf die akademische Natur der Organisation anspielt.

Webgrundlagen

Webgrundlagen
Computerhardware wie Monitore verbessern sich ständig und machen die Standardbreite einer Seite abhängig vom Zielpublikum.

Die Standardauflösung im Web ist eine Breite von 800 Pixeln. Damit ein Design richtig dargestellt wird, sollte es eine maximale Breite von 760 Pixeln haben – der sicherste Grenzwert für eine feste maximale Breite. Mit fortschreitender Technologie bewegen sich Webseiten heute auf eine Breite von 1024 Pixeln zu, wenn viel Inhalt darzustellen ist.

Feste Breite
Bei Seiten mit fester Breite ändert sich die Breite ungeachtet der Größe des Browsers nicht. Dies erreicht man durch spezifische Pixelzahlen (absolute Maßangaben) für die Breite von Seitenabschnitten. Dieses System kann man für ein Design verwenden, das auf jedem Browser gleich aussieht, egal wie breit oder schmal dieser ist. Diese Methode bezieht jedoch nicht den Betrachter der Information mit ein. Wer einen Browser hat, der schmaler als das Design ist, wird horizontal scrollen müssen, um alles zu sehen, während Benutzer extrem breiter Browser jede Menge leeren Raum auf dem Bildschirm haben werden.

Flexible Breite
Seiten mit flexibler Breite variieren je nach Fensterbreite des benutzten Browsers. Dies wird erreicht durch Prozentzahlen oder „ems" (relative Maßangaben) für die Seitenbreite. Eine flexible Breite erlaubt dem Grafikdesigner, Seiten zu erstellen, die mehr auf den Betrachter ausgerichtet sind, da sich die Seiten der Bildschirmbreite anpassen. Das kann jedoch die Lesbarkeit erschweren, wenn eine Textzeile länger als zwölf oder kürzer als vier oder fünf Wörter ist. Leser mit großen oder kleinen Browserfenstern könnten Probleme haben, Textpassagen zu lesen.

Die meisten Webdesigner entwerfen für eine minimale Auflösung von 800 x 600 Pixeln, was unterstellt, dass Nutzer dieser Auflösung ihr Browserfenster maximieren werden. Unter diesen Bedingungen ist eine minimale Breite von 760 Pixeln für ein Design akzeptabel. Die optimale Lösung für die meisten Webseiten ist eine Kombination der beiden Methoden, bei der Textblöcke eine feste Breite für leichte Lesbarkeit haben, während andere Seitenabschnitte ihre Größe an die Breite größerer oder kleinerer Browser anpassen können. Viele Designer zentrieren z.B. den Hauptinhalt im Browserfenster, indem sie Text innerhalb einer festen Breite von nicht weniger als 400 Pixeln platzieren.

Kunde: 3 Deep Design
Design: 3 Deep Design
Rastereigenschaften: elastische Webseite mit zentralem Block, der eine eigene Rasterscheibe enthält

Elastische Darstellung
Der weiße Raum dieser Webseite enthält Text und Bilder, die auf einer absoluten Breite fixiert sind, aber eine flexible Breite zum Rand haben. Dadurch ist die Information auf einem Bildschirm mit höherer Auflösung zentriert aber mehr vom Hintergrundbild zu sehen. Dies ist ein Beispiel für die elastische Darstellung zur Kontrolle von Platzierung und Präsentation.

Zentrale Rasterscheibe
Der Hauptraster ist ein Raum, um die Arbeit mit Bildern zu zeigen, die die zweite und dritte Spalte einnehmen. Die Informationen stehen in der ersten Spalte.

Die Webseite von 3 Deep Design
Die Webseite von 3 Deep Design zeigt ein elastisches Layout, bei dem der mittlere Bereich festgelegt ist, während der Hintergrund selbständig entsprechend der Bildschirmgröße erweitert werden kann. Das zentrale Textfeld ist mit einem DIV erstellt – einer Struktur, die Ebenen, Container und Unterebenen zur Formatierung ihres Inhalts enthält. Das zentrale Textelement wird unabhängig von der Bildschirmgröße am Platz gehalten.

Webgrundlagen

Flash versus HTML
HTML (Hypertext Markup Language) ist ein System zur Beschreibung der Struktur eines Dokuments mit Labels und Tags, die von Webbrowsern interpretiert werden können. Flash ist eine von Macromedia entwickelte Software, die Vektor- und Rastergrafiken unterstützt.

Viele Webdesigner benutzen Flash, weil es die Freiheit bietet, Elemente zu setzen, wohin sie wollen, ohne sich um absolute oder relative Platzierungen, uneinheitliche Browser, Tabellen oder Bildschirmauflösungen zu kümmern. Flash ermöglicht, dass eine Seite auf allen Browsern gleich angezeigt wird, und durch seine Vektordarstellung kann die Darstellungsgröße an die Browsergröße angepasst werden, wobei Bilder und Text klar und ohne sichtbare Pixel bleiben. Es erlaubt dem Grafikdesigner auch jede Schrift einzubinden, die auf dem Browser des Benutzers auch dann angezeigt wird, wenn sie nicht auf dem Rechner installiert ist. Traditionell waren Grafikdesigner auf die so genannten „websicheren" Schriften beschränkt, die unten gezeigt sind. Obwohl Flash und andere Applikationen eine größere Auswahl bieten, ist es hilfreich, diese Schriften zu kennen, besonders wenn man in HTML entwirft.

Cascading Style Sheets (CSS)
Cascading Style Sheets (CSS) ist eine Sprache, die beschreibt, wie ein in HTML oder einer anderen Webseitensprache geschriebenes Dokument dargestellt werden soll. CSS trennt den Textinhalt von den Designbefehlen durch die Definition von Farben, Schriftarten, Layout und anderen Elementen. Es ermöglicht Grafikdesignern zur Vereinfachung der Seitenauszeichnung verschiedenen Inhaltselementen Werte zuzuweisen, sodass ein bestimmtes Style Sheet auf sie angewendet werden kann. Überschriften werden z.B. als H1-Elemente, Zwischenüberschriften als H2 usw. bezeichnet, und damit wird eine Hierarchie eingeführt.

Websichere Schriften

Andale Mono
ABCDEFGHIJKLMabcdefghijklm

Arial MT
ABCDEFGHIJKLMabcdefghijklm

Arial Black
ABCDEFGHIJKLMabcdefghijklm

Comic Sans MS
ABCDEFGHIJKLMabcdefghijklm

Courier New PS MT
ABCDEFGHIJKLMabcdefghijklm

Georgia
ABCDEFGHIJKLMabcdefghijklm

Impact
ABCDEFGHIJKLMabcdefghijklm

Times New Roman
ABCDEFGHIJKLMabcdefghijklm

Trebuchet MS
ABCDEFGHIJKLMabcdefghijklm

Verdana
ABCDEFGHIJKLMabcdefghijklm

Webdings

Kunde: The Vast Agency
Design: The Vast Agency
Rastereigenschaften: Flashtext auf Panoramaraster für mehr Kontrolle der Präsentation

Vast 002
Outdoor Edition
Die Webseite von Vast Agency benutzt Flashtext auf einem Panoramaraster. Flash-Animationssoftware sorgt im Gegensatz zur HTML-Gestaltung für größere Kontrolle über die Typografie. Das bedeutet, dass spezielle Schriftarten und Schriftschnitte im Design erscheinen werden wie beabsichtigt. Um in Flash erstelltes Material anzusehen, muss der Benutzer jedoch die Flashsoftware herunterladen.

Der digitale Raster

Der digitale Raster
Der Raster für eine digitale Publikation unterscheidet sich von dem für eine gedruckte in der Behandlung des Raumes.

Beim Druck kann Raum einfach frei bleiben; in digitalen Medien muss er oft durch „Füllmaterial" definiert werden. Der entstehende „Weißraum" erzeugt ein Gefühl von Tempo, verleiht etwas Ruhe oder schafft Assoziationen zwischen den Designelementen. Die Illustration unten zeigt, wie Füllmaterial hinzugefügt würde, um einen digitalen Raster zu erzeugen; der Raum zwischen den Spalten (Spaltenabstand) und an den Rändern des Designs wird ähnlich dem Layout einer gedruckten Seite vorgegeben.

Das Bildfeld ist von Füllmaterial umgeben und zwingt den Text, einen festgelegten Spaltenabstand zu halten.

Füllmaterial
Füllmaterial wird bei der HTML-Auszeichnungssprache zur Definition von Raum zwischen verschiedenen Designelementen benutzt. Dies kann durch absolute oder relative Angaben geschehen – in Pixel oder als Prozentsatz der Gesamtlänge – für den Raum über, unter, links und rechts des Elements. Das Füllmaterial wird der Rasterbreite hinzugefügt. Ein 200 Pixel breites Feld mit einer 5-Pixel-Füllung ergibt z.B. ein 210 Pixel breites Feld.

Frieze

Erskine Design erstellte die Webseite für das Magazin *Frieze* mit fester Breite. Der Inhalt erscheint in vier Spalten mit abnehmender Breite, die in einen weißen Raum gesetzt sind. Der Raster funktioniert so ähnlich wie bei einer Zeitung – in den schmalen Spalten wird unterschiedlicher Inhalt präsentiert, was den Raster stark vertikal betont. Inhalt mit hoher Priorität erscheint oben als Leitartikel, weitergehende Informationen folgen darunter.

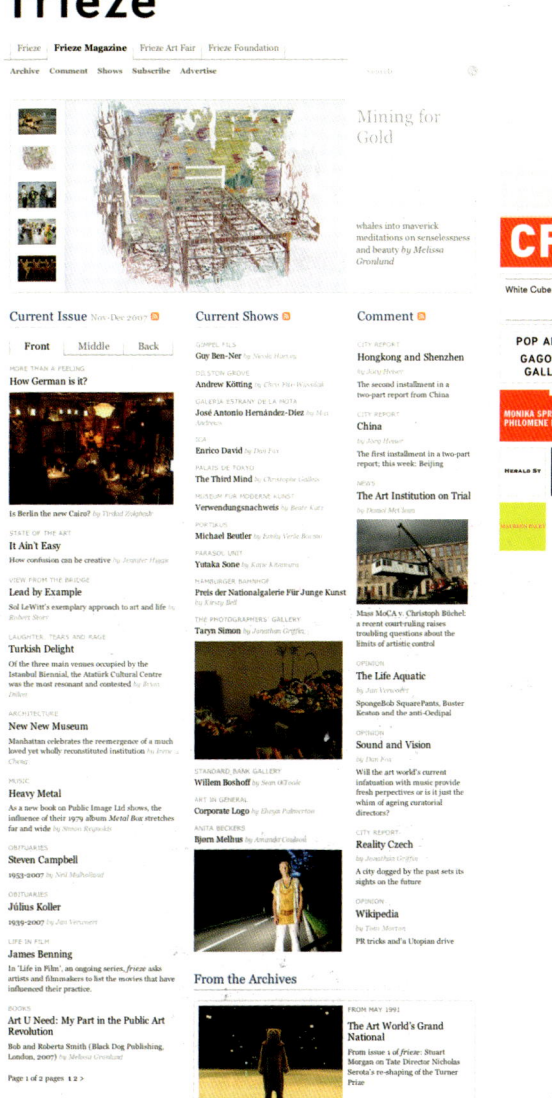

Ausrichtung

Ausrichtung
Der wichtigste Unterschied zwischen digitaler und gedruckter Umgebung ist das mögliche Seitenformat. Während einen Druck verfügbare Papiergrößen und Druckmaschinen bestimmen, kann eine digitale Seite jede Größe haben und perfekt auf den Inhalt zugeschnitten werden.

Der Raster einer digitalen Seite kann sich vertikal und horizontal so weit wie nötig ausdehnen, wobei jede folgende Seite eine andere Größe haben kann. Andererseits hat eine gedruckte Publikation gewöhnlich Seiten gleicher Größe. Eine Webseite könnte z.B. ganzseitig einen Mann stehend im Hochformat zeigen und auf der nächsten Seite denselben Mann liegend im Querformat, wobei jede Seite die nötigen Dimensionen hat, um das Motiv ganz zu zeigen. Wegen der speziellen Beschränkungen, die digitalen Medien eigen sind, sind winkliger Text oder breite Formate weniger üblich.

Horizontal
Horizontale Ausrichtung ist passend für eine querformatige Präsentation, die sich nach links und rechts verschiebt. Dies ist erkennbar im Beispiel gegenüber, das den Betrachter einen Schwenk um einen Raum ermöglicht. Diese Ausrichtung lässt viele Spalten nebeneinander zu. Sie bietet auch einen breiten potenziellen Raster, der horizontal verschoben werden kann.

Vertikal
Vertikale Ausrichtung ist für hochformatige Darstellung angebracht, die sich nach oben und unten verschiebt und den Betrachter durch einen Informationsblock hinabbewegen lässt. Dies ermöglicht eine beschränkte Zahl sehr langer Spalten, ähnlich einem traditionellen redaktionellen Raster.

Absteigend
Bei der absteigenden Ausrichtung bauen Schichten von Designelementen und Inhalt aufeinander auf und ergeben schließlich das endgültige Aussehen des Designs (siehe S. 159).

Kunde: The Vast Agency
Design: The Vast Agency
Rastereigenschaften: Eine horizontal ausgerichtete Webseite erzeugt wie ein Film ein Gefühl von Bewegung

Diese Webseite hat eine horizontale Ausrichtung, die nach rechts schwenkt.

Restraint Burlesque

Diese Screenshots von The Vast Agency ermöglichen dem Studio, auf Dessous- und Modemärkten für sich zu werben. Die Webseite weist eine feste Größe und horizontale Ausrichtung auf, da sie durch eine Reihe von Bildern und Rastern nach rechts schwenkt. Es entsteht ein filmischer Eindruck im Stil des *film noir,* der eine Geschichte erzählt. Das Bild eines Vorhangs rahmt das Bildfeld ein und trägt zu einer voyeuristischen burlesken Geschichte bei.

Designraster Ausrichtung

Ausrichtung

Client: FL@33
Design: FL@33
Rastereigenschaften: Vertikale Ausrichtung erzeugt ein Gefühl von vertikaler Bewegung

Webseite von FL@33

Diese Webseite von und für FL@33 zeigt zwei Tabellen mit Informationen, die sich unabhängig voneinander scrollen lassen. Beachten Sie, wie auf den Seiten ein sichtbarer Grundlinienraster mit zwei hervortretenden Spalten und einer schmaleren Spalte für Marginalien dargestellt ist. Die Schrift ist am linken Rand ausgerichtet, und die Hervorhebung von Schlüsselwörtern erzeugt eine starke grafische Struktur.

Sichtbarer Grundlinienraster

Der Grundlinienraster funktioniert auf zwei bestimmte Arten. In erster Linie ermöglicht er Schrift- und Bildelementen, durchweg auf den gleichen Maßlinien zu „sitzen". Wenn er sichtbar bleibt, ist seine zweite Funktion, einem Design eine grafische Bedeutung zu geben.

1

4

Kunde: Unthink
Design: Unthink
Rastereigenschaften: Absteigendes Design erlaubt die Seiten aufeinander „aufzubauen" und schließlich das endgültige Design zu erreichen

2

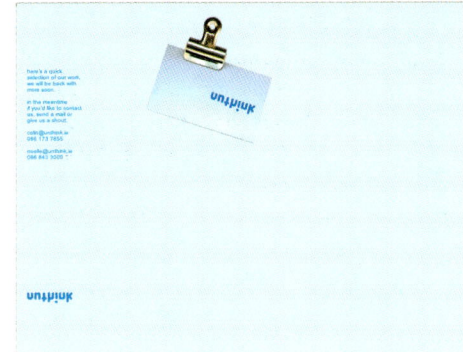

5

3

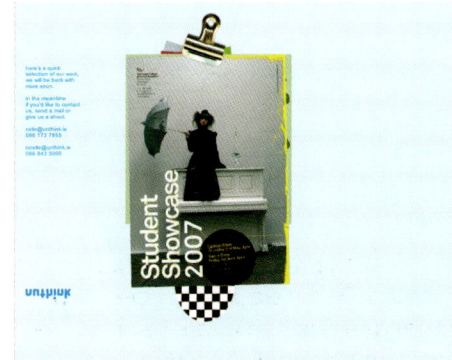

6

Unthink

Die Webseite von Unthink benutzt ein elastisches Layout, um Beispiele aus dem Portfolio zu zeigen. Statt einzelner Seiten benutzt sie das Bild eines Klemmbretts, mit dem jede Ebene über die vorhergehende hinzugefügt wird, um einen Stapel aufzubauen, der das Design in die dritte Dimension bringt und sie nebeneinanderstellt. Da es eine elastische Webseite ist, erweitert und ändert sich der Hintergrund, abhängig von der Leistungsfähigkeit des Monitors.

Designraster Ausrichtung

Glossar

Das Thema Raster beinhaltet viele Fachbegriffe, die mit technischen oder kreativen Konzepten zusammenhängen. Dieses Glossar soll einige der meist gebräuchlichen Fachbegriffe erklären und, um das Thema verständlicher zu machen, darlegen, wie Fläche organisiert werden kann.

    Das Verständnis der Fachsprache, die für Raster verwendet wird, kann zur Formulierung kreativer Ideen beitragen. Es verringert darüber hinaus die Gefahr von Missverständnissen zwischen Designern, Kunden und anderen am Gestaltungsprozess Beteiligten.